氷はとかせ！
滑っても転ばぬ先の杖

アイスブレイクのすすめ

半生をかけて
アイスブレイクに
取りつかれた男
石合 信正

文芸社

【目次】

SMILE1：WHY?　今、アイスブレイクが求められている！　9
▼アイスブレイクが日本を明るくする！　10
▼WHO?　あんた何者?!　13
▼私の初めてのアイスブレイク　14
【Coffee Break】 1杯目＝ブレンド 〈著者からの連絡事項〉 20

SMILE2：WHAT?　アイスブレイクの３大効果とは？　23
▼〈その1〉凍った場をとかし、まず本人がリラックスできる！　24
アイスブレイクで平常心を取り戻す　24
▼〈その2〉仕事も人間関係も円滑になる！　27

周囲とフレンドリーな関係を築くアイスブレイク　27
たくさんの人と仲良くなれて自分も楽しい！　29
▼〈その3〉頭の体操になってボケを予防できる！　32
アイスブレイクが習慣になればボケ知らず　32
【Coffee Break】2杯目＝アメリカン〈まだまだあるアイスブレイク効果〉　36

SMILE3：HOW?　アイスブレイクをマスターすれば
人生が変わる！　39

▼ビジネスでもビジネス以外でもアイスブレイクは必須です！　40
▼ビジネス脳とアイスブレイク脳が刺激し合う　44
▼老若男女を結び付けるのがアイスブレイク　47
▼アイスブレイクで「瞬間笑かし器」になる！　49
▼相手との距離を一瞬で縮めることができる！　51

SMILE4：HOW?　アイスブレイクでプレゼンが変わる！　55

▼秘伝を伝授！「㊢石合流プレゼンの極意」　56
▼プレゼンのテクニックは日常生活にも生かせる！　61

SMILE5：アイスブレイク・ヘビーユーザーへの道　65

▼必要なことは一歩踏み出すためのネタ作り　66
▼ネタを見つけたら忘れる前にメモること!!　77
▼閑話休題——ユーモアの取り入れ口　81
▼自分ならではの十八番を作っておこう！　83
▼日常の人間観察もアイスブレイクに役に立つ　86
▼販売の仕事にもアイスブレイクは活きる（販倍になる？）　89

SMILE6：アイスブレイクマイスターへの道　95

▼滑っても転ばないためのプランB　96

▼自虐＝自ギャグ、自分をネタにする！　99

▼「ジャッキー・チェン！」で口角を上げてパワースマイル！　102

▼笑顔とジェスチャー、そして大きな声で！　109

▼大きな声で強弱をつけてゆっくり話そう　113

【Coffee Break】3杯目＝カフェラテ〈英語でもアイスブレイクをしてみましょう！〉　116

SMILE7：石合流アイスブレイク集　119

1　苦手なもの——筆頭　苦手を逆手に　逆上がり！　120

2　どんなTPOでも、小ネタでカチ割る　122

【Coffee Break】4杯目＝エスプレッソ〈古希抗齢者も若造だった話!?〉　127

SMILE8：アイスブレイク実践編　129

▼アイスブレイクを実践した同志たちの体験談　130
◆音楽プロデューサー　緊張ＭＡＸも一変　131
◆営業担当「緊張」を言葉にして吐きだす　132
◆デザイナー　婚活の場でも使えるアイスブレイク！　134
◆出版業　名前がアイスブレイクになるなんてラッキー　136
◆編集者　共通の話題があれば、アイスはブレイクできます　138
◆写真クラブ　記念日ネタを言ったら仲良くなれました！　139
◆主婦　珍しい苗字に初めて感謝しました　141
◆商社　アイスブレイクで自己紹介も怖いものなし！　143
◆剣道指導者　子供たちの顔の固まりを解く　145
◆広報担当　先陣を切ったところ、次々と協力者が！　148
◆マンション管理組合　子供の一言で、大人たちが笑顔に　150

SMILE9：これはアウト！　アイスブレイクのタブー集　155
▼他人を貶めるようなアイスブレイクはやめよう！　156
SMILE10：アイスブレイクで日本を盛り上げましょう！
――「アイスブレイク大賞」設立宣言に代えて　161

章扉イラスト／キタハラケンタ

SMILE 1

WHY? 今、アイスブレイクが求められている！

▼アイスブレイクが日本を明るくする！

アイスブレイク？　なにそれ？

アイスブレイクとは、「アイススケートでブレイクダンス」することではありません。まぁ、たしかに「スベる」のは覚悟という点では同じですが……（ちなみに、スベっても転ばなければいいんです！）。簡単に言うと、緊張した空気を和ませて、**リラックスした空気を作るコミュニケーションの手法**のことを言います。

本書はアイスブレイクについて、私の長年の実体験を白日の下にさらけ出して、日本をもっと楽しく、明るくしたいというのがテーマになっています。これが〝ＷＨＹ？〟本書を出版した動機です。

手に取られた方々は、タイトルとキャッチに目が止まったビジネスパーソンかもしれませんし、私が過去に出した２冊の本を読まれて、３冊目が出たのかと気になって手に取っていただいた、星の数ほど（カシオペア座の5つ星ほど）の方かもしれません。そうであれば非常にありがたい再会です。しかし、私を全く知らない初めてお会いする方もまた、天の川の星の数ほどいらっしゃるはずです。

私にとってはどちらもありがたい出会いで、感謝しかありません。

今回も読みやすくてわかりやすい、それでいて、Before→Afterで大きな効果が出る、コスパ（コストパフォーマンス）&タイパ（タイムパフォーマンス）のいい本を目指しております。ぜひフィナーレまでお付き合いください。

書いている側が何よりも楽しんでおりますので、ぜひ一緒に楽しみましょう！

で、アイスブレイクですけれど、ビジネスで活躍されている方々は、会議やプレゼンテーション（以下プレゼン）、研修、挨拶の冒頭などで**「つかみを取る手法」**であることはよくご存じでしょう。

それ以上に、その**つかみと和みから醸し出されるよどみのない効果**も、ある程度目の当たりにされていることと思います。

また、ようやくコロナ禍が去って、対面コミュニケーションが復活し、かつオンラインとのハイブリッド会議での潤滑材としても、アイスブレイクは脚光を浴び、そのテクニックや目的別の啓蒙書もいくらか目にされていることと思います。

アイスブレイクは、相手側も打ち解けて気を楽にするための効果的手段なのです。

だからと言って、どうすればアイスブレイクが上手くできるのか、疑問をお持ちのことと思います。

「どうやってスタートするんだ?」

「上手くいかなかったらどうしよう?」

「相手はどう思うだろうか?」

――当然、そんな心配もあるでしょうし、また、〝冒険が受け入れられる雰囲気じゃないんだよな〟〝浮くのが怖い〟と、周囲の堅苦しい雰囲気に悩んでいる方もいらっしゃると思います。

そこで、〝WHAT? 何を?〟ですが、そんな心配や不安がなくなるように、私自身の経験から、〝潤滑成分〟をギューッと濃縮してご紹介することにしました。

これらは実際、私自身がアイスブレイクの効能に病みつきになり、長〜い時間の経過の中であらゆるシーンから醸成された即効性のある成分のみを厳選し、読者のみなさんが短時間で成功体験できるようにしています。

さらには、私の主張や姿勢（どんだけ〜）に賛同する多種多様な老若パーソンのみなさんの実体験や、双方向から取り入れた「ビタミンE（じゃないか！）」も添加しています。

テクニックでなく実体験からの「やっててよかった！」生の声へ、いざ！

▼WHO?　あんた何者?!

ここで自己紹介を少々――。

まずは本書の起点となる自己紹介〝WHO?〟から、アイスブレイクとの出会いを手短にお話ししましょう。

私は現在70歳になる、いまだ現役のビジネスパーソンです。

2023年は69歳でロック魂だったのが、1年後の70歳でいきなりの古希（古今）和歌集と大きな変貌を遂げました。

古希ということで、古希（国旗）掲揚して誕生日をお祝いし、古希（後期）抗齢者としてますますアイスブレイクに熱中し、プレゼン、講演、挨拶、会議のリード、宴会のMCもしつつ、明るく元気な毎日を過ごしています。

年中ユーモアと笑いを追求して〝ころころ〟〝カラカラ〟と笑っているうちに、恥をハジとも思わず、これこそ〝コミュニケーションのド真ん中なのかも?〟と思えるようにもなりました。

Originalな私の具体例は目的別に、23ページからご参照ください。

志を同じくする方々の体験集は、129ページからのSMILE 8を是非役立ててください。

その中で使えそうなものがあれば、しっかりリスクを取ってぜひぜひパクってくだされば幸いです（ただし、スベっても保険は一切、下りませんので、あしからず）。

▼私の初めてのアイスブレイク

私の初めてのアイスブレイク経験は、とにかく何とかしなきゃいけないセッパ詰まった苦境から始まりました。当時、私は40代後半。グローバル企業のGE（ゼネラル・エレクトリック）に転職して、家族を道連れにして米国の本社勤務となりました。研修や各種会議を通してプレゼンや進行、はたまたスピーチなど、海外の経営幹部やリーダーたちの実に巧みでユーモアたっぷりのコミュニケーションに圧倒され、萎縮しまくって超落ち込んでいました（苦ッ）。

周囲はあたかも国連か多国籍軍のようなグローバル環境、バリバリの企業戦士の方々です。

私は当時、英語は苦手でしたし、どうしようもなくガチガチの自分にガチで焦っていました。暗くなって、なすすべもなくドヨーンと落ち込んでいると、ますます周囲は私から離れていってしまいました。

ここまで何とかコツコツと積み上げてこられたキャリアも、あとわずかで幕切れか……とマジに眠れぬ夜が続きました。

というのも、外資系ではチャンスが開かれる一方で、一瞬で転落、即退場のリスクを何度も目の当たりにしてきたからです。子供たちも転地転校したばかりですし……（ムンクの叫び）。

そこで、死にもの狂いで、まずは周囲とのファーストコンタクトを自然にしたいと思い、当時のメンターにすがる思いで相談しました。

すると、日本人はkatai、kurai、kowai（硬くて暗くて怖い＝3K）に加えて感情表現がなく、何を考えているかわからない。だから同じアジア人として、当時アメリカで売り出し中だったカンフースターの**ジャッキー・チェンさんの笑顔から学べ**という具体的な目標を設定されました。

とにかくジャッキー映画のビデオ（当時はVHS真っ盛りですよ）を見まくって、毎日、鏡に向かって口角を上げ、「ジャッキー！」の掛け声のあと、「チェン！」で〝にっこりスマイル！　とにかく、にっこりスマイル！〟の練習を口角を上げてコウカ（効果）ックが上がるまで、やったものです。

この特訓は実に効果がありました。初対面の挨拶で使うと、びっくりするほど即効性があったのです。

とくに私のような東映任侠映画風（今で言うVシネマ系）の厳《いか》つい顔には、とてもぴったりな方法だったのです。

ベテランになった今は、にっこりスマイルに加えて、**目線を柔らかくする**という合わせ技を駆使しています。このおかげで、ブサカワ系に格付けされたとの噂《うわさ》もあるとかないとか（笑）。とにかくスマイルができたあとは、次のプレゼンの機会では〝一発、絶対につかみから入るんだ！〟と自分を追い込んでいきました。

そんなある日、ホテルの会議室を借り切ってのプレゼンの日が来ました。

順番が迫ってきても、いいつかみが浮かびません。追いつめられた状況下で、ふと何気に降りてくるものがありました。

「やるっきゃない！」

グラスにドリンク用の氷を頼んで入れてもらい、まずはジャッキーのスマイルを振りまいて、いきなり氷を口に入れてガリガリ齧ってから、諸手を上げてこう言いました。

〝This is my first Ice break. My gesture is much better than my English and Japanese.〟

ほぼヤケクソでしたが、かましたのです！

ウケた――!!

不思議なことに聴き手のウケた反応を得ると、私の心に急に余裕が出てきて、固まっていた**自分自身への呪縛が嘘《うそ》のように解き放たれました**。

私はそれまでの萎縮をリベンジするかのごとく、身振り手振り交えて英語の壁も何のその、流れるような（？）プレゼンとなりました。

〝あ！　これだ！〟

私の中のアイスブレイクが目覚めた瞬間です。

自分で殻を破って、相手に思いを伝えることができた、初めての出来事なのでした。

昨今、お笑い芸人のとにかく明るい安村さんや、ゆりやんレトリィバァさんが海外でウケたのも、ギリギリを攻めつつ、**体当たりの明るさとスマイル**、そして、**シンプルな英語**が聴衆のハートに響いたからでしょう。

ただし、このストレートなつかみは、今はインプラントの歯が欠ける危険があるので封印しています。もちろん、これも存分にパクってもらって結構ですが、くれぐれもご注意ください！

いったん「自らの壁」をぶち壊したあとは、イケイケでありながらリラックスした自分のペースをキープでき、それが「聴き手との壁」をも壊し、氷をとかす術がさらに湧きあがっていきました。

GEでグローバルマーケティングの年間ベストアワードを獲ったときには、コンペの中で、ステップダンスやロボットダンスを駆使してプレゼンテーションを盛り上げました。

当時、旬だったシックス・シグマ（品質管理の手法）のベストアワードを獲ったときには、会場を巻き込んだ掛け合いを演出したりと、すっかり体当たりの味を覚えてしまいました。

ニギヤカシで場を温めたあとは、しっかりとしたプレゼンをキメる、というのはもちろんのことですが、アイスブレイクとプレゼンのコントラストがあったことがすべての勝因というのは間違いありません。

スベることを恐れず、まさに**ビジネストークのスベをスベからく手に入れた**のです。

【Coffee Break】
1杯目＝ブレンド〈著者からの連絡事項〉

開始早々、まさに落語のまくらのような名（迷）調子で書いてきたわけですが、ここまでで、みなさんはどうお感じになったでしょうか？

実は改めて読み返してみて、脳裏にふと二つの疑問が湧いたわけです。

私は自分でも途中、途中でアイスブレイクのネタが降ってくるものですから、そのたびに噴き出し笑いをしながらこの本を書いているのですが、読者の方は、果たして読みながら笑えているのだろうか。これが一つ目の疑問。

読み直してみると、何か変なことをつぶやいている人みたいに思われていないか心配になります。だからといって、今さら「本はやめてYouTubeにします！」というわけにもいきません。

喜劇や漫才の台本を書いているわけではないですから、笑ってもらえなくてもいいのですが、もし、しかめっ面で読んでもらっていたら、これ以上悲しいことはありません。

テーマがアイスブレイクだけに、あまり笑えなかったのでは残念至極です。

「今さらそんなこと言われても、もう買っちゃったよ」

そうお怒りの方もいらっしゃるかもしれません。

そこで、ご提案。本書を読まれる方は、できれば「音読」していただくと良いかと思います。ちょうど、演劇で脚本の読み合わせをするように。きっと、面白さも学びも倍増しますよ！

もう一つの疑問点。昭和のジジィギャグが令和の若者たちに届くのか？　ですが、もともとダジャレは韻をふむラップの原点なんですよね（多分）。だから若者にも受けるようです（Yo！）。

以上、著者からの連絡事項でした！

SMILE 2

WHAT?　アイスブレイクの3大効果とは？

▼〈その1〉凍った場をとかし、まず本人がリラックスできる！

アイスブレイクで平常心を取り戻す

アイスブレイクにはたくさんの効果がありますが、はじめにご紹介したいのが、その場の凍った空気をとかす力です。言うまでもありませんね。

でも、それ以上に重要なのが、かつての私がそうだったように、まずは自分自身をリラックスさせられる力があることを強調しておきます。

緊張した心がリラックスできる、要するに、いつもの自分のペースのまま、自然体でいられると言えばわかりやすいかもしれません。

その点で、**アイスブレイクは〝やったもん勝ち〟**でもあります。

たとえば、面接試験の場合などでもそうです。たいていの人は面接であがってしまうことが多いと思います。そこでアイスブレイクの出番になります。

前作『展職のすすめ　人生のバリューを上げるキャリアアップ転職の秘訣』（幻冬舎刊）でもお伝えしましたけれど、まずは「こんなに貴重なお時間を与えていただいてありがとうございます」といった感じで**感謝を表す言葉**から入って、「実は今、大変緊張してあがっています」なんて言うと、最初から好感度が上がるんです。

ところが、自分があがっていることを言わないでガチガチになっていると、実はガチガチは伝染するのです。

相手も妙にガチガチになってしまいますから、あえて、「すいません、ちょっとあがっています。優しい目で見てください」と言って、最後に「ありがとうございます」と言えば、その間のあなたの**誠実なやり取りや性格と相まって、好感度が爆上がり**です。

プレゼンの場合でも、「私、プレゼンが苦手で、このような大勢の前で話す機会も滅多にないので……」と口を開いて、そこで「あがっています。深呼吸1回だけ、お付き合いいただいていいですか？」と言います。そして、その場のみんなで一緒に深呼吸をします。

で、やはり**最後に、「ありがとうございました」と、しっかり伝えるだけで評価はますます上がります**。

〝なんだ、それでいいの？〟と思ったあなた、1回やってみてください。やってしまえば怖いものなしで、新しい世界の扉が開けてきますから、開けちゃいましょう。

また、たいていの人は壇上に上がっても、何を話すかしか頭にないものです。とにかくトーキングペーパーに目が行ってしまって、相手への挨拶もなしに、原稿を読みながら、いきなり「今、×××が……」などと始まってしまうケースが多いのです。

そんなときでも、いきなり内容について話し始めたりせず、まずはゆっくり落ち着いて相手を見るところから始めるといいんです。

悠々と会場を見回して「うわー、こんなにいらっしゃるんですね～。びっくりしました」とか、「ドキドキしてます」とか素直な感想を言うんです。

で、「ちょっと不整脈が……」と言って、脈を測る仕草をしたり、あえて「人」という字を手の平に書いて舐める仕草をしたり、いろいろやってみるといいのです。それで余裕が出てきたら、緊張が解けてリラックスできますからね。

そして、おもむろに話を続けます。

「今日は、初めてこういう大きなところでお話しさせていただきます。それなりの準備はしてきましたけれども、最後までしっかり聞いていただきたいと思います。ただ、すいません、さっきちょっと言いましたように血圧も体温も上がっていますので、温かい目で励ましてください」

そう言うだけで、聞き手の興味をグッとこちらに引き寄せることができます。

▼〈その２〉仕事も人間関係も円滑になる！

周囲とフレンドリーな関係を築くアイスブレイク

アイスブレイクがビジネスで役に立つことは言うまでもありませんが、アイスブレイクの本質的な良さは、老若男女関係なく、相手がどんな人物でも距離が縮まって自然な関係ができあがるということです。

つまり、**コミュニケーションの導火線**になるのです。

ましてや、今はオンラインで世界中の人とつながる、あるいはインバウンドで外国人がどんどん日本にやってくる時代ですから、躊躇《ちゅうちょ》して自分の殻に閉じこもってしまっていてはもったいないじゃないかという見方もあります。

だれだって、いつも苦み走った顔で口数が少なく、愛想が良くない人間よりは、笑顔でジョークの一つでも言えるフレンドリーな人間のほうが付き合いやすいでしょう。自分の世界を広げる意味でも、たくさんの方と仲良く、打ち解けることができるアイスブレイクは非常に役に立つツールなのです。

そして、相手に好印象を持ってもらえれば、会社で新しいプロジェクトを進めるときもスムーズに事が運びますし、地域のコミュニティでも気軽に声をかけてもらえますから、買い物に行っても、街を歩いていても、みんなと挨拶して世間話に花を咲かせることもできます。海外に出ても日本にいるよりも、その効果は際立つくらいです。

私の場合は、地元地域社会への密着も目指していますから、毎朝のランニングでも近くの公園を支配する諸先輩方からなる元気なラジオ体操連合軍のパワーに対抗すべくアプローチを心がけています。公園でもそうですし、ジムに行っても、病院に行っても、どこに行ってもいろいろな人とすぐに打ち解けてしまいますが、そんなときに決まって役に立ってくれているのが、笑顔とアイスブレイクなのです。

先日も、出張で福岡の某市に行き、朝食を食べる前にホテルの周囲をランニングしました。ただ走るだけでなく、道行く人たちにわざと道を聞いたりなんかして、地元の方とのコミュニケーションを図るよう心がけました。

当然、地元の方々と話すときはジャッキー・チェンの笑顔です。その笑顔で話しかけると、みなさん、ご丁寧に対応していただけます。それはもう〝袖振り合うも他生の縁〟という、残念なことに現代日本ではあまり見かけなくなった美しいおもてなしの姿が見受けられるわけです。

地域の素晴らしさがよくわかって、ここに住んでしまおうかと思いましたね！

たくさんの人と仲良くなれて自分も楽しい！

この話を続けますと、私が地方に行ったときに欠かさず訪ねるのが、地元の観光案内所や道の駅、商店街や飲み屋街です。

訪ねる理由は、いずれも地元の情報や美味しいものが揃《そろ》っているからです。

そこはかつて炭鉱の町でしたから「炭鉱カレー」というのもありましたが、炭鉱の〝炭〟と牛の〝タン（舌）〟をかけて、タンが入っている「タン鉱カレー」も並んでいました。私のおすすめは、外箱の表面に「あか牛たちよ　まとめて料理してやるぜ!!」という文字が躍る「大・ハードカレー」です。

映画「ダイ・ハード」のブルース・ウィリスさんばりのスキンヘッドにタンクトップのおじさんがピストル持って張り切っています。あか牛がごろっと入った欧風カレーだそうですが、こういう訴求力のある商品を見つけると出張も楽しいです。

もちろん、見つけ出して終わりではなく、そういった**仕入れたてホヤホヤでまだ湯気が出ているようなネタ**を、現地の会合などで披露すると、地元の方々から「それ知ってるんですか?」みたいな反応が返ってきて、初対面でも親近感を持ってもらえます。

そうです、そこが狙いなんです!

こうした**ご当地ネタ**はアイスブレイクに使えますし、得てして相手が受ける印象も三割増しで良くなります。当然、もうずっと前からの知り合いになったような感覚で仲良くなれて、その後の打ち合わせや会議も大いに盛り上がることでしょう。また、全国津々浦々、たくさんの面白い人たちがいることもわかって楽しめます。

ですから、出張のときも駅や空港から直接、先方の会社や事務所に直行するのではなく、ちょっとの時間を使って素早く、そういう場所を訪ねてみるといいんです。

しかも、ご当地ネタを披露して地元の人と盛り上がると、地元の人しか知らないような美味《おい》しい店を教えてもらえたりします。で、実際に行ってみると美味しくて、店の方や常連のお客さんたちと話をしてみるとめちゃくちゃ楽しくて、仕事でやってきた旅に楽しみが見つかります。

そんなときでも、こちらがジャッキーの笑顔で〝怪しい奴じゃないよオーラ〟を見せながら話しかけると、一気に打ち解けて会話していただけることもわかってきました。

まあ、多少の勇気も必要ですが、こちらが自分をさらけ出すと相手は安心しますし、関心を持ってくれますから、一石何鳥にもなります。

▼〈その3〉頭の体操になってボケを予防できる！

アイスブレイクが習慣になればボケ知らず

そして、3番目の効果が**いわゆる一つのボケ防止**です。

とにかくアイスブレイクのネタを考え続けていれば頭の回転は絶対に速くなりますし、それを使おうとすれば、周囲の状況を見回して会話の流れに集中してタイミングを計らないといけませんから、ますます頭を働かせるようになります。

この相乗効果で頭の回転が良くなって、ボケ知らずというわけです。

その瞬間、脳内で神経と血液が怒濤《どとう》のように流れ出すはずですから、結果として細胞は活性化し、ボケる隙を与えず若さを保つことができるでしょう。常にアイスブレイクを考えて、使っていれば、ボケる暇がないと言っても過言ではありません。

そして、アイスブレイクの虜になったら、四六時中（?）、アイスブレイクのことを考えるようになります。もちろん、それは苦痛でも何でもなく、ただ単に楽しくて面白いからそうしているだけなのですが、結果、脳はますます元気になります。

　このように、アイスブレイクのボケ防止効果に関しては申し分ありません。

　何しろ、この本を書いている私自身が古希抗齢者として現役バリバリなのですから存在証明のようなものでしょう。まあ、歳も歳ですからどこかしらボケてるんでしょうけれど、ボケをボケと自覚しているうちはボケてないとも言いますからね（笑）。

　アイスブレイクは〝瞬殺のやり取り〟でもありますから、相手の言ったことを瞬時に読解して、思い付いた面白いことを言い返す。これってもう頭のトレーニング以外の何物でもありません。実際問題として、私も周囲からは頭の回転が速いほうだと言われています……（言われていますよね、たぶん？）。

　なんだかんだ言いましても、ボケないためには楽しく明るいトレーニングが必要で、それにはアイスブレイクは最適なんです。

　また、良くしたもので、本業である会社の業績も明るさに比例するようにびっくりするほど良くなってきました（イェイ）。都市伝説としての、「成功するリーダーは明るくなければならない」は、どうやら事実のようです（くったくなき笑）。

以前、とある会社の社長さんとカウンターで飲みながら話す機会がありました。そこで私がオヤジギャグを言うと、相手も〝俺もやってみようかな〟という気になったようです。それでアイスブレイク、いや、ほぼオヤジギャグの応酬の始まりです。別に上手いとか下手はないですし、あるのはそれなりの愛想笑いと苦笑いです。

そのうち興が乗ってくると3回も4回も、オヤジギャグの応酬が続きました。

まあ、これまた文字にすると面白さが伝わるかどうか微妙なオヤジギャグですが、イカの天ぷらを食べて「これはイカンともしがたい」と言ったり、エビの天ぷらが出てきたあとにタイの刺身が出てきたら、「エビでタイを釣る」なんて他愛なく言い合っていましたよ（笑）。

〝この程度でいいのか？〟と、少～し引いている読者のあなた！　安心してください。ハイって言います、穿《は》いています。この程度でよいのです。このようなやり方をやってみて、いったん安心すると、次から次へと出てくるんです。

お互いノリにノッてしまった結果、〝考える前に言ってしまえ！〟的な状況になったものです。そうなると、今度は頭をフル回転させて考えないといけませんから、おそらく頭も体も十歳くらい若返っているはずです。

最近は複数人だと、ダンスバトルの様に東軍西軍や紅組白組に分かれたりして句会のように、先手「……」、後手「……」で応酬していく団体戦が始まったりします。会食のお開きには「いよいよ他人じゃないよネ」とワンチームの絆《きずな》が強まりました。

ようやくコロナ禍を脱したんですから、笑顔で握手とハグ、そして、**相手に〝大好きです。仲良くしてください〞という意思表示のためのコミュニケーションツール**として、アイスブレイクは大事です。

とは言っても、アイスブレイクは単なるコミュニケーションツールでもありますから、スベろうが転ぼうが、実は全然関係ないんです。そう考えると気が楽でしょう。

そもそもアイスブレイクの最終目的は笑わせることではありません。相手としっかりとしたコミュニケーションを図ることが、最終ミッションなのですから――。

【Coffee Break】

2杯目＝アメリカン〈まだまだあるアイスブレイク効果〉

ここまでアイスブレイクの3大効果について書いてきましたが、ほかにもいろいろな効果もあることに気づいてしまいましたので、それを列挙します。

1. 双方が相手に関心を持つので、いつのまにか自然で楽しいコミュニケーションの好循環ができる
2. 会話にメリハリが出る、面（メン）にもハリが出る
3. また会いたい、聞きたい、話したくなる存在になれる
4. 周囲にいじられやすい、愛される存在になれる
5. 毎日がネタ探しで楽しくなる
6. 周囲に気を使うことで謙虚でいられる
7. 失敗するたびにそれ自体がアイスブレイクのネタになっていくので、失敗もウエルカム、

そして失敗をおそれなくなる

8. 免疫抵抗力がつき、健康になる

9. 行動が積極的になれる

10. 好奇心が旺盛になり視野がひろがる

いかがでしょうか？　いいことばかりでしょう？

「笑う門には福来る」と言いますが、本当に笑えば楽しくなりますよ。

SMILE 3

HOW? アイスブレイクをマスターすれば人生が変わる！

▼ビジネスでもビジネス以外でもアイスブレイクは必須です！

続きまして、今なぜアイスブレイクが求められているか、お話ししましょう。

ビジネスシーンでは、アイスブレイクを使う機会が増えてきています。

今の時代、ゴリゴリの日本企業だと思ってきた会社でも、翌日には外資になっちゃったという状況がいくらでも起こり得ます。外資系企業と日本企業の境がなくなってきているのです。私は日本から海外に出ていったときに苦労しましたけれど、今や日本にいても、アイスブレイクができるかどうかは、ビジネスパーソンにとって欠かせない能力の一つになってきています。

当然、海外勤務であればアイスブレイクのセンスが重要になってきます。

アイスブレイク一つできないようでは、世界の荒波に出ていく前に、あっという間に砕け散ってしまいます。アイスブレイクをコミュニケーション手段の一つにできる者のほうが絶対に得です。

たとえば、日本に進出している欧米系ソフト会社はみなガリバーです。それに対応できている日本人、たとえばとある大学の名誉教授にしても、パーティで主賓として挨拶する際は、**〝こんなことまで言っちゃうの？〟っていうくらいのアイスブレイクをしています。**

どんなことを言っているかというと、

「みなさん、今日は素晴らしい集まりにお招きいただきありがとう。社長さんの見事なお話をうかがえて嬉しく思います。今日来るまでは雨が降ってたんですよね。でも、ここに来て、この会が始まったら程なく雨が上がり、晴れ間が広がり、空には虹が出ていました」

そんなアイスブレイクから始まるんです。〝やるなぁ、この先生は！　流石《さすが》だな！簡単ではないな！〟と感嘆しました。

ビジネス以外に目を向けた場合、超高齢化社会の日本では、周りに受け入れてもらうには明るくて楽しい人間だと思われないとダメなんです。

しかも、日本は今、コロナ禍を脱したものの、為替変動、インフレ、安月給と、三重苦、四重苦の時代に見えますが、逆に見ればワンチャン大逆転の時代に来ています。そのためにも今、日本人は元気になる必要があります。特に男性は！

女性は元気な方が多く、女子会って年齢関係なくみなさんやっているじゃないですか。いくつになっても女子ですよね。みなさんおしゃれも楽しんでいますよね。銀座のレストランなんかに行ってみれば、ほとんどが女子会です。

実際、女性の場合は、地域の集まりとか、ママ友とか、エステ仲間、ヨガ仲間と、年齢を重ねてからもコミュニティがあるんです。でも、男性はそうはいきません。それまで会社一筋や仕事一辺倒で働いてきて、定年になったら会社でも、地元でも交流はパッタリ途絶えます。男子（ダンゴ）会っていうのもあってもいいんじゃないでしょうか。

歳を取った男性が気をつけなければいけないのは、かつて私が苦しんだ疎外感、孤独になることだそうです。

男性の場合、肩書きが外れたら、あるいは会社という拠り所がなくなったら、まあ、名刺がなくなったらと言い換えてもいいですけれど、その瞬間に個人に戻ります。そこで自分のアイデンティティがなくなってしまうという悲劇が起こります。

60代でアイデンティティの喪失というのは非常につらいものがあります。

そうなると自分が何者か相手に説明できないですから、積極的に周りに溶け込めなくなりますし、そもそも周囲に仕事以外のネットワークを張っていませんから話し相手すら見つからないというわけです。

そのせいか、最近、会社の周りを徘徊《はいかい》する老人が増えているらしいです。

偶然を装って会社の近くにやってきて、わざとらしく元同僚とバッタリ出会う。

「やあ、久しぶり！」「元気にしてた？」なんて言って飲みに誘うわけです。

でも、それだって一緒にいて楽しくなければ昔の仲間にも煙たがれて「今日はちょっと……」と避けられてしまいます。逆に、楽しい時間を作ることができれば、みんなに喜んでもらえますし、自分も楽しいですよね。そういったときにもやっぱりアイスブレイクのテクニックは必要です。これからの時代、明るいジジイのほうが楽しく生きられます。

きっと、**アイスブレイクをマスターした明るく楽しいジジイがどんどん出てくれば、日本も変わるんじゃないか**と思います。

▼ビジネス脳とアイスブレイク脳が刺激し合う

さきほども書きましたが、日本人はまじめで、お堅い人種、しかめっ面ばかりしているとよく言われるものの、水面下はそんなことはなくて、正直なところ、お笑いが好きなんだと私は思っています。

今でも浅草や新宿、上野といった繁華街には演芸場があって落語や漫才は人気がありますし、テレビだって昭和のザ・ドリフターズやひょうきん族は大人気でした。令和になっても漫才コンテストの「M－1グランプリ」なんか国民的番組です。

日本人の精神性の中には、実は笑いが根付いているんです。ですから、アイスブレイクをきっかけに、それを解放すればいいだけなんです。

そのM－1にしても、2023年の全出場者はなんと8500組にも及ぶそうです。ということは毎年、毎年、約1万7000人もの漫才師が出てくるわけです。どんだけ～日本人はお笑いが好きなんでしょう。

漫才以外にも「キングオブコント」や、ピン芸人が出場する「R－1グランプリ」はあるし、女性だけの「THE W」もあります。だいたいテレビをつければお笑いをやっていますし、バラエティ番組にはお笑い芸人がたくさん出ているでしょう。

ですから、普段は眠っているお笑い好きの自分を解放してあげれば、だれだってアイスブレイクは全然難しくないと思うんです。

世の中がやっぱり明るい笑いを必要としているんです。テレビ界の大物といったらビートたけしさんや明石家さんまさん、タモリさん……みなさんお笑いが専門でしょう。それぞれ幅を広げられて、さまざまな才能を発揮されておられます。

一方で、ベースとして彼らがお笑い界に何十年と君臨している状況は変わりません。

最近はマツコ・デラックスさんや有吉弘行さんらが人気ですけれど、テレビはお笑い系にほぼ支配されているわけですし、これが関西のテレビに至っては、朝から晩までお笑いの天下です。

ただ、亡くなった志村けんさんにしても、仕事でお笑いをやっている人は普段はすごくストイックで堅物らしいと聞いたことがあります。

私自身は今はまだ、お堅い仕事をしていますけれど、どちらかといえば境目がない人間です。

つまり、日常生活＝アイスブレイクです。そう言い切ってしまうと、まだまだ仕事もしていますので語弊がありますから、日常生活≒アイスブレイクにしておきます（笑）。

もちろん、ビジネスはビジネスでバシッと決めています。決めるべきところは決める、そうじゃないと世界の荒波を乗り越えることはできません（キリッ！）。

毎年度末には、会社の業績に影響を与え兼ねない予期しないことが突然起こったりするものです。だれだって絶対、思ったようにはいかないものですから、起こったことを受け止めて明るく素早く行動する。

でも、そこには私なりの信条があります。

それはやはり、人間はビジネスでも私生活でも〝**謙虚**〟であるべきだということです。謙虚さは人生において一番大事です。要するに、偉そうにしていたら、だれも寄ってきてくれないどころか、逆に遠ざかっていくわけです。

そうならないためには、**温柔**、つまり、柔らかい、**謙虚**で温柔な人間であるべきと考えています。

そして、人として忘れてはいけない点は、何事にも感謝するということです。

感謝の心を持っていれば、人は温かい目で見てくれるでしょう。**謙虚で感謝**して、安らかに生きたい……そういう思いが長年にわたるバックボーンとしてあります。

▼老若男女を結び付けるのがアイスブレイク

今の世の中、何かというと若者に注目しますね。

たしかにこれからの日本を作っていく若者は大事です。しかし、若者だけで社会が成り立つわけでは当然ありませんし、若者だけのパワーで日本が復活できるはずがありません。だって、若者人口はどんどん減っていますし、若者だって日々老いていくからです。

ということは、老（人）・若（者）という組み合わせがあって、さらに、男・女、日本・世界という組み合わせがあったときに、初めて、面、あるいは球で捉えられる大きな力を発揮できると私は考えます。

その点で、老若男女と一括りの言葉がある日本語は世界的に見ても素晴らしい！

ただし、日本はいまだに女性の活躍について、言っているだけでほとんど実現していないと言えます。海外ではとっくの昔から男女が平等です。米国はとにかく仕事ができる人間から登用される世界です。

年齢、性別は関係ないですし、登用されない人は仕事がイマイチの人間です。仕事、つまり職場におけるリアルな能力でシビアに評価が決まるという世界です。

そういう意味では老若男女、全世界の総合力――これが日本の社会を変えていくのではないでしょうか。

若者は夢もあるし、能力もある。でも、資金がなく将来への不安がいっぱいでどうしていいかわからない。同時に価値観が多様化してきていて、良いことなんだか迷いも逆に多い。一方で高齢者は時間がふんだんにあり、不安はそこそこ、タンス預金が少々です（笑）。

そこで若者と高齢者がガッツリと結びつけば、きっと大きなパワーが生まれるでしょう。そのきっかけを作るのがアイスブレイクだと、私は強く訴えるわけです（再びの、キリッ！）。

最初のつかみで積極性が出て、いろいろな場所で相手とコミュニケーションができれば、自然と友達ができます。少子高齢化が進むこれからの時代、年を取っても友達ができるって絶対に重要なポイントだということを、マーケティング的にも考えたわけです。

私自身が、半世紀近くビジネスの世界で生きてきて、転職も人生の中でさんざんやってきて、さらに生涯一新入社員を目指してますので、一切の嘘・偽りはありません（七転び八起きのキリッ！）。

▼アイスブレイクで「瞬間笑かし器」になる！

もう一つの参考として、私のアイスブレイクはダジャレベースの軽いところからスタートしているので、相手の話をよく聞くことができるようになりました。

なぜかと言いますと、相手の話の中からヒントというか、何らかのアイスブレイクのとっかかりになる要素を引っ張ってきて、それをダジャレでかまして笑わせるというプロセスでもあるからです。

たとえば、先日の会合でこんなことがありました。

同じテーブルに座った方が、広島県の三原市出身のさわやかな方でした。その方が地元を紹介するのに、自虐ネタみたいな感じで言ったんです。

「呉市と広島市の間にあって、その二つは結構有名で荒々しい街なんですけど、私が住む三原市は、海があって山があって風光明媚なだけの、ごく平凡な瀬戸内海の穏やかな都市でございます」

その言葉を聞いた瞬間、私はこう言いました。

「あ、見晴らし（三原市）がいいとこなんですね！」

すると、みんなが笑ってくれて、彼のさわやかな印象も相まって、おかげで三原市の好印象が深まりました。

これなんか瞬間的に言えたわけですけど、思い付いた瞬間に言わないと、次の話題に行ってしまう。そしたらもう旬を過ぎたネタということになってしまいます。次に三原市出身のさわやかな人と話すことなんていつかわかりませんよね。

ですから、**出し遅れは禁物です。流れ、スピード感を大事**にしないといけません。まあ、引っ込めることも多いんですけど……そうなると話のテンポを考えるようになりますから、頭の回転も速くなります。

私なんか40年近くこんな感じでやっていますから、感じた瞬間に口から出ちゃいます。まさに瞬間芸です。

やたらとすぐキレる人を「瞬間湯沸かし器」って言いますね。目指したいのは「瞬間笑かし器」です。まあ、瞬間笑かし器と呼ばれても、仕事も人間関係も円滑になるなら、これは笑かし器のほうが良いに決まっています。もちろん、最初は自分をさらけ出さなきゃいけないということで、多少の勇気は必要ですが。

▼相手との距離を一瞬で縮めることができる！

アイスブレイクは相手が年上でも年下でも関係なく、自分をさらけ出すことが大事です。最初は勇気がいるかもしれませんが、何事も慣れていくものです。そして、やり慣れると、とにかくやらないと気が済まないというふうに気持ちが変わっていきます。

その瞬間からあなたも瞬間笑かし器で、一瞬でスイッチが入りますから、次から次へとネタが天から降りてきて、プレゼン会場全体がアウェー状態だったものが、アイスブレイクをかました瞬間、その場がホームのような雰囲気を作りだしてしまうんです。

一方、アイスブレイクで場が温まったことで相手もすごく安心できて、話に集中してくれるようになります。これからいったい何の話をするのだろうかと興味を持ってくれるのです。

そして、相手との距離がグッと縮まったところで、感性に訴えかけるプレゼンを始めるわけです。


ここで受け売りですが、プレゼンにおける効果は、プレゼンターが何を話したかより、どのように話しているかというのがポイントで、いわば感性・感覚によって理解度が99%違ってくるそうです。

ということは、とにかくポイントを絞って印象的な話し方をしたほうが勝ちです。

プレゼンがどんなに立派な内容でも、一本調子で抑揚なく話し続けていたのでは聞き手の頭には入りません。

ですから、アイスブレイクを一発かまして聞き手の注目を集めて、その後にセントラルメッセージを訴えます。ジェスチャーも含めて印象に残る話し方をする――これはとても効果的な方法で、より相手に伝えたいポイントがしっかり届きます。

そして重要なことは、**アイスブレイクには失敗がない**ということです。

先ほど、「やったもん勝ち」と言いましたけれど、一度やってしまえば、失敗さえもネタにできますから、失敗したっていいんです。うまくいったら鉄板ネタ、失敗しても自虐ネタとなりますから、これほど心強い〝武器〟はありません。

たとえば、接待の席でよくあるゴルフの話でも、「俺さ、ハンディがシングルでさ～」と言われるよりも、

「いやー、バンカー入っちゃって130叩いちゃったよ！　バンカーだけに利子が高いんだ」なんて言ってるほうが親しみが湧いて距離が縮まりますよね？

そういう感じで、深いバンカーだけに下から目線ネタが一番ウケるんです。

ゴルフに限らず、苦手で緊張するようなシーンでは、自分から笑い飛ばせばいいんです。何でもやってみなければ損なので、いろんなことに挑戦することが大事です。

何事にもチャレンジ精神は必要です。

ただ、この前、危ないことはできないなと思ったのが、スケートボード。これも笑い取ってやろうかと思ったんですけど、危ない！（笑）。

マジで骨折り損のくたびれ儲《もう》けですよ。

でも、危険なこと以外は何でもかんでもチャレンジする。それで失敗したら——。

「あ、いけない！　やらかしちゃいました～」

「いい未成功体験ができました。ありがとうございます」

などと言っておけば、相手も和んでくれて次につながりますし、思いもよらぬ知識や情報が得られることもあります。

絶対、やらないよりやったほうがいいんです。それを胸に刻んでくださると、著者としてはそれ以上の喜びはありません。

SMILE 4

HOW? アイスブレイクでプレゼンが変わる!

▼秘伝を伝授！「㊢石合流プレゼンの極意」

ビジネストーク上のアイスブレイクは、当然ですが、アイスブレイクだけでは成り立ちません。それだけでは、ただのコミュニケーションの入り口に過ぎません。

大事なのは、研修であっても、講演であっても、会議であっても、その後に続くプレゼンだということを忘れてはいけません。

アイスブレイクと、その後のプレゼンのパフォーマンスが伴って初めて高い効果が得られます。アイスブレイクはフレンチのコースにたとえれば、メインディッシュを引き立てる、なくてはならない美味しいアペタイザー（前菜）なのです。

というわけで、ここで世間で呼ばれているところの〝プレゼンの翁《おきな》〟である私が、キマるプレゼンの極意をお伝えいたしましょう。

そもそも、プレゼンを生かすためのアイスブレイクであることは、すでに述べました。

自分がリラックスしたいからアイスブレイクをやってみるということで、壁を取っ払っておいて、一方で、とにかく相手に興味を持たせるという一石二鳥のワザです。

とにかく、こいつにまた会いたいなと思わせる、**また話が聞きたいなと思わせることができれば大成功**です。

効果的なプレゼンのポイントは――これもプレゼンのテクニックに関する本は山のように出ていますが、実際、私の30年以上やり続けている経験から、何が大事かというと、プレゼンする相手を知ること、全集中の徹底的な〝**準備**〟、さらに、プレゼン後のシビアな〝**反省会**〟です。

とにかく準備が200%だと私は思います。このために事前に準備期間を設置して、徹底的に自分と向き合います。

最初に何を伝えたいかという規定のフォーマットがある場合はそれに従わないといけないのですが、あったとしても、その中で何をまず伝えたいかということを絞り込む作業が重要なのです。

シンプルなキャッチと目をひくビジュアルで、**「一番伝えたいことは何か」**、**セントラ**

ルメッセージを作って〝表紙〟とします。

あ、それ以前に一つお話ししますと、プレゼンはたいてい時間が決まっています。だいたいトーキングペーパー1枚につき話す時間は1〜2分以下じゃないとダメなので、そうすると割り算で全体のページ数が決まってきます。

すると、そこで表現していく内容の優先順位も自ずと決まります。

最初に、全体のコンテを作って自分のストーリーをどのように展開していくかを押さえて、そこに一ページごとにセントラルメッセージ、つまり、そのページが何を訴えるかを書いておく。そこに表やグラフを当てはめてサポートしていきます。

最も大事なことは、**できるだけ話す文字量を減らす**ことです。同時に、織り込んでいく情報量をできるだけ少なくするといいでしょう。

中にはやたらと何でも入れたがる人がいますけれど、それはいけません。また、細かい文字は、視力検査じゃないので誰も読みません。どちらかというとインパクト重視で、一つひとつのセントラルメッセージを相手に印象付けます。そして一歩下がって、全体を通して内容に齟齬がないかトータルチェックをかけます。

これらができていれば成功ですが、**忘れてはいけないのは最後のQ＆A**です。

そこではとにかく質問には「いいご質問ありがとうございます」と感謝して丁寧に答えます。わからないことがあったら情報が不十分なままで曖昧な答えをするのではなく、「詳細を調べて後ほどお答えいたします」などと言って、いい加減な即答は控えます。

このようにして、流れるような一連のプレゼンができれば成功です。要するに、このプレゼンを通して相手に理解してほしい、私の伝えたいことはこういうことですというのがストレートに伝わることが一番大事です。

プレゼンにおけるパフォーマンスというものは、自分の意図をどれだけ伝えられるかという〝芸〟のようなものです。パフォーマンスを高めるため、趣旨をしっかり伝えるためには、以上のような手順に従って、とにかくやってみてください。

コロナ禍以降、オンラインでのプレゼンも増えています。

オンラインの場合、相手を意識して、通信状況の確認から入って、画面の向こう側に対して一生懸命話しかけます。

「伝わっていると思いますけど、伝わってますよね～」というコミュニケーションも入れます。そういうことも考えなければいけない時代になりました。

プレゼン中は、相手の聞く姿勢や相手が頷いているか否かをチェックしたり、一方、手の動きが中心となりますがジェスチャーも大事です。

実際のプレゼンにあたっては、トーキングペーパーは絶対必要です。まずは1回、自分で実際に原稿を書いてみましょう。そして、各ページの所要時間を秒単位で設定してリハーサルを繰り返し、自分で読み込んだり、音声やペースのチェックをします。

ここで盲点なのが、一度文章に表現されると、誤字や誤記、特に数字がチェックレーダーから見落とされるので、一歩下がって見直す必要があります。

リハーサルが終わったあとは常に改善のためのチェックが必要で、周囲の仲間に「どうだった?」などとしっかり感想を聞いて、フィードバックをもらいます。そして、それを必ず記録に残して次回に活かします。

また、登壇前にはマイクの位置、ステージ上の立ち位置、見える光景を徹底的にチェックしましょう。

プレゼンを成功させるためには、そういった地道な作業が必要なのです。その延長線上に、「プレゼンが苦ではなくなる」時代がやってきます。

そういうことを全部含めてのプレゼンであって、準備が２００％、そして成功の突破口になるのが、和みとつかみのアイスブレイクです。

ということは、プレゼンをさらに活かす「アイスブレイクの時代」となりましょう。

▼プレゼンのテクニックは日常生活にも生かせる！

ここまでビジネスにおける話をしてきましたけれど、これをそのまま横に展開させると、世の中のどのような状況にでも応用できます。

たとえば、会社の同僚や学生時代の友人との飲み会、異業種交流会や婚活パーティ、久し振りの同窓会などでもそうですし、高齢者であれば病院における患者さんと先生の関係、介護施設での入居者と介護士さんとの関係などもそうです。

基本的には最初はアイスブレイクから入って打ち解けて、それから自分の伝えたいことをポイントを絞って伝えるわけです。

アイスブレイクによって、相手が話を聞きたくなるような和みの状況を作ることです。まさに社会におけるコミュニケーションのエッセンスと言っていいでしょう。

場所と相手こそ変わるけれども、やり方自体は同じです。そこに気づいてもらえれば幸いです。

ですから、相手がどんな人物なのかによって、どんな話をすればいいか考えて、実際にアイスブレイクを実践すればうまくいきます。先にお話ししたシチュエーションでも、冒頭でお話しした面接にしても、ごく普通のセールスの対応であってもみんな同じです。その点ではヨコ展開と言っていいでしょう。

また、講演会などでは、どんな人が参加してくるのか、その人たちにどうやってわかるように提供したらいいのか考えます。ビジネス、学生、ＰＴＡ、町内会、老人会……シチュエーションは違いますけれど、提供する仕組み自体は変わりません。

その際、相手によってわかりやすい言葉を選ぶことなども大切ですが、一番大事なことは、まずは**とにかく相手をできるだけ好きになる**ことです。

アイスブレイクを実践する上で重要なポイントは、実は相手を先に好きになることなんです。

どんな相手でも好きになること、それがアイスブレイクの出発点です。相手を好きになることで、相手に楽しんでもらおうといった気持ちが生まれると、きっとアイスブレイクも冴えわたるはずです。

そして、ポイントは何といっても笑顔です。先ほどお話ししましたようにジャッキー・チェンの笑顔です。「ジャッキー・チェン！」の「ジャッキー！」のかけ声のあと、「チェン！」で口角を上げて笑う。その笑顔で臨めば、大成功間違いなしです。

それが、私の経験に基づいたアイスブレイクとプレゼンの極意です。

ここで本章のまとめとしてお伝えしておきたいことは、アイスブレイクを上手に活用できるようになれば、人前で話すことが嫌でなくなり、人とコミュニケーションすることがより楽しくなるということです。

日常生活のいかなるシーンにおいても、相手が楽しければ自分も楽しいわけで、とにかく私は毎日が楽しいです。結局、私自身が楽しいことを探し求めているわけです。楽しいことがあると笑うし、よく笑うことは健康にいい影響を与えますし、いいことばかりで悪い話はありません。

なんだか都合のいいことばかり言っていますけれど、アイスブレイクに関しては本当にいいことばかりなのです。

あなたの人生や財政事情にプラスになることはあっても、**マイナスになることは絶対にない**と断言できます。

SMILE 5

アイスブレイク・ヘビーユーザーへの道

▼必要なことは一歩踏み出すためのネタ作り

これまでお話ししてきたことから、アイスブレイクが単なるビジネスのためだけではなく、あなたの人生を豊かにするための入り口であることがおわかりになったと思います。では、ここからはアイスブレイクの〝ネタ作り術〟をお話ししましょう。

まず、ビジネスにおいては、みなさんご存じのように、アイスブレイク・トレーニングというものがあります。プレゼン・スキル、インタビュー・スキル……これ、すべてトレーニングです。一部始終をカメラで撮影して、それを見ながら参加者が、こうしたほうがいい、ああしたほうがいいとガンガン言い合います。

米国ではそういった研修コースを受けさせられるので、否が応でもアイスブレイクが上手くなります。それこそ、かつての私はポツンと他国籍の文化の中に日本人一人で放り込まれました。

それでも、何とか仕事をしなきゃいけません。最初に書きましたけれど、英語だって上手くないですし、とにかく笑えと言われてニコニコしていました。

最初に心しておくべきことは、何よりも失敗を恐れないということ。これはアイスブレイクに限りませんが、失敗を恐れずどんどんチャレンジする気持ちが大切なのは言うまでもありません。

アンミカさんも言っていましたけれど、「失敗」という言葉は「敗」（負け）を失うということですから死ぬときだけで、たくさん失敗しても負けじゃないんですよ。それより、失敗をネタにすればいいんです。

それこそが一番のネタ、絶好のネタです。

失敗を恐れなくなることで人生が楽しくなっていくわけで、何でもやってやろうじゃないかみたいな精神状態になるのが一番いいんです。

そして、やがて歳を取って何らかの病気で入院するときが来るかもしれません。たとえそんなときでも医者と仲良くし、看護師と仲良くし、同室の入院患者さんたちを明るくすれば自分もハッピーだし、周りもハッピーじゃないかということです。

『パッチ・アダムス　トゥルー・ストーリー』という映画がありましたけれど、あれは実話の映画化で、笑いの効果を治療に生かしたアメリカに実在するドクターの話です。笑いというのは実際に免疫力を上げるという研究結果があるんです。

笑うことで元気になりますし、自分が元気になるだけじゃなくて、周囲のみんなも元気になるんです。

私の場合は、そこから始まってアイスをガリガリ噛《か》んだという歴史があります。人に歴史あり。何事にも始めはあります。

それでは、はじめの一歩として、初心者の方でも成功しやすいネタの作り方から紹介することにしましょう。

①今日は何の日ネタ

先日も口下手でおとなしい社員に、これから始めてみてはどうだろうかということですすめたのが、「今日は何の日ネタ」です。

たとえば、11月22日は「いい夫婦の日」、2月22日はニャンニャンニャンで「猫の日」などいくらでもあります。語呂合わせだったり、何らかの歴史的記念日だったり、企業の創業した日だったりとさまざまです。

たとえば、6月10日の「時の記念日」のように、天智天皇の時代に日本で初めて時計（水時計）による時の知らせが行われたことから制定された記念日もあります。

インターネットで調べれば、1年365日、いくらでも記念日が見つかりますし、しかも、次々と新しい記念日が生まれていますから、旬のネタにも使えます。これはいわゆる、だれにでもできる一番手っ取り早いアイスブレイクです。

それこそアイスブレイクが必要なときに、スマホにチャチャッと日付を入力してググってみれば、さまざまな記念日がたくさん見つかります。会議やプレゼンはもちろん、飲み会に行っても、町内会の会合でも、パッと調べればその日は何の日かわかります。しかも一つじゃなくて、同じ日でもいろいろな記念日があります。ですから、その後の集まりの趣旨に合わせて、一番ウケそうな記念日を選べばいいんです。

「みなさん、今日は何の日か知ってますか？」

開口一番そう言って、何の日か紹介して、それにまつわる面白いエピソードでも話せば、それだけでも場が沸きます。そして最後に、「毎日いろんな記念日があるんですよ〜。調べてみるだけでも楽しいです」と教えてあげればいいんです。

これは毎日繰り返されるネタですから、知っておくだけで非常に便利です。

以下、ほんの少しだけ記念日を紹介しておきます。

1月1日　肉汁水餃子の日・天赦日は開運財布の日・省エネルギーの日
2月1日　ゆでたまごの日・テレビ放送記念日・琉球王国建国記念日
3月1日　オリジナルTシャツの日・マヨネーズの日・デコポンの日
4月1日　居酒屋で乾杯の日・黒ラベルの日・トレーニングの日
5月1日　恋の予感の日・鯉の日・自転車ヘルメットの日
6月1日　デリバリー弁当の日・総務の日・チューインガムの日
7月1日　童謡の日・銀行の日・琵琶湖の日
8月1日　花火の日・パーマの日・パイの日
9月1日　だじゃれの日・ギリシャヨーグルトの日・キウイの日
10月1日　闘魂アントニオ猪木の日・食文化の日・磁石の日
11月1日　灯台記念日・ダーツの日・ラジオ体操の日
12月1日　東京水道の日・カレー南蛮の日・手帳の日

どうです？　いくらでもエピソードが浮かびそうでしょう。

同じ1日でもこれらはほんの一部ですから、1年365日でいったいいくつあると思いますか？　これならとっさのアイスブレイクでも、話題には事欠かないはずです。

②ハッピーネタ

次に、私が考えたハッピーネタなんていうものもあります。

〝ハッピーネタって何？〟と思われるかもしれませんが、これはプレゼンにしても、何らかの会合にしても、その場に来るまでの過程で、何かすごくいいことに出合ったような場合に、その話をして注意を引く方法です。

たとえば、朝のテレビ番組の占いコーナーで自分の星座がラッキーな日だと言われたとか、来る途中で100円拾ったとかでもいいですし、駅の改札で有名人を見かけたとか、メジャーリーグの中継を見ていたら大谷翔平選手がホームランを打ったとか、とにかく何でも自分で縁起がいいと思った話をすればいいだけです。

話し手が楽しいと思ったことや、明るくていいなと思った出来事を話すと、聞いているほうも何となくハッピーな気持ちになるでしょう。その場が優しい空気に包まれて、聞いている方々はあなたの味方になること請け合いです。

一方で、相手が落ち込んでいる場合には、自らのアンハッピーな自虐ネタで勇気づけるという癒しのテクニックもあります。


ここで石合流ハッピーネタを少々披露しますと、たとえば、こうです。

「今日、朝起きたらめちゃくちゃ寒かったんですけれど、だんだん陽が昇ったら暖かくなってきましたねえ。もう春なんですね～。僕なんか、それだけでハッピーになっちゃう人間なんですよ」

暑くても寒くてもネタになります。それだけでも場が和むじゃないですか。そうやって、場を味方につけてしまいましょう。

こうしたハッピーネタはそれこそ何でもよくて、なぜなら人の幸せというのは、相手の価値観で決められるものではなく、自分の中にあるからです。

そういう感じで何でもいいですから、その日、ハッピーだったことを頭にインプットして、すぐに使えるようにしましょう。

③大げさネタ

簡単なアイスブレイクネタとして、大げさネタというものがあります。小さなことを何倍にも膨らませて話す、いわば〝針小棒大〟ネタです。

たとえば、「今日はみなさんにお会いできるのが楽しみで楽しみで、昨日は一睡もできませんでした」と振っておいて、「睡眠不足なので、途中で寝ちゃうかもしれませんが許してくださいね」みたいに落とすわけです。

このあたりのネタをいくつか組み合わせれば、たいてい乗り切れます。

「最近、老眼が激しく進んで、気付いたら選挙ポスターと話していました……」とか、「ここ数年、足腰が弱って階段がほんときついです。階段を上るたびに休んでいたら時間がかかってしまいました」なんて自然なアイスブレイクもアリです。

あるいは、「最近ボケちゃってみなさんの名前覚えてないかもしれませんけれども、ところでみなさん、私の名前覚えてます？」などと言って、だいたい自分のことを笑い飛ばしていれば全然問題ありません。特に年齢に関するネタは歳を取れば取るほど微笑ましく、使えるものが増えます（微苦笑）。

④街で見かけた面白ネタ

街を歩いていると、不思議な看板や、変わった名前の店などがたくさんあります。何となく噴き出してしまうような名前の店もあります。

たとえば、先日の出張で、「有明商店街年金通り」という名の商店街を見つけました。これは年金生活者でも飲める、居心地のいい、昭和世代の居酒屋が集まった飲み屋街です。実にコスパの良さがわかるノスタルジックな名前です。

私は全国出張が多いほうですけれど、先ほどもお話ししたように、地方都市の商店街や知らない街を訪ねたときなど、一風変わった看板や、はるか昔の昭和の面白い看板に遭遇したときは忘れないように写真を撮って記録しています。

街をランニングやウォーキングしつつ、どこかにアイスブレイクのネタや、プレゼンのキャッチが転がってないか観察しています。すると、身体と頭が若返るという一石二鳥の効果があります。

散歩コースは商店街でも公園でもいいですし、図書館や書店に寄ってグルッと一周すれば、最近出た話題の本や人気の雑誌がわかります。今、どんな作家が売れているとか、雑誌の特集で今、何がブームになっているかなど最新の世相がわかったりしますから、ネタは尽きません。

⑤世代間ギャップネタ

今は令和6年ですけれど、気がつくと昭和・平成・令和と3代にわたって生きてきたことに驚きます。ちょっと前まで明治・大正・昭和なんて一括りにして言っていたのが、遠い昔になりました。平成元年生まれは今年で35歳になるわけで、これからの時代、企業の働き盛りは続々と平成生まれになっていくことでしょう。

そうなると、昭和の出来事や文化は若い人にとっては新鮮ですから「何ですか？　それ」って興味を持たれますし、逆に同世代からしたら「いやあ、懐かしいねえ」という話になって盛り上がるでしょう。

たとえば、われわれの世代ならディスコですが、今やクラブになっています。

ほかにもチョッキ→ベスト、とっくりセーター→タートルネック、衣紋《えもん》かけ→ハンガー、スチュワーデス→キャビン・アテンダントなど、昔の名前で言っても若い人には通用しません。

ビジネスやふだんの生活においても、昭和ではごく普通に使われていたものが死語になっているケースがたくさんあります。ＶＨＳ、ポケベル、フロッピーディスク、ＭＤ、ブラウン管、レーザーディスクなどもそうです。

また、昭和の風俗やＣＭ、流行語もネタがたくさんあります。「24時間戦えますか？」とか知ってますか？　ほかにも「アベック」「イタ飯《めし》」「アッシー」「メッシー」「スッチー」「ガングロ」……などなど。

そういえば、「テレビのチャンネルや電話のダイヤルを〝回す〟」なんてことも言わなくなりましたね。今では死語となったそういう言葉を、あえて使って興味を引くのも大いにアリでしょう。

⑥オノマトペを使い倒す

最後にお教えしておきたいのは、「オノマトペ」です。この言葉、みなさんはご存じでしょうか？

オノマトペとは擬音語と擬態語の総称で、たとえば擬音語は「ワンワン」「ニャーニャー」などといった動物の鳴き声や、「ドンドン」「ガンガン」「ガチャガチャ」など、音を言葉に置き換えて表現したものです。

一方で擬態語は「キラキラ」「シーン」「ワクワク」といった、実際には音のしない状態や心情の様子を音に例えて表現したものです。

こうしたオノマトペを大げさに使い倒すわけで、例えば、以下のようになります。

「わくわくと働きましょう、ワーク（WORK）、ワーク（WORK）」

「ドキドキと動機付け」

「赤ちゃんがよちよち、ヨーチヨチ」

——以上のように、意外と身近なところにさまざまなアイスブレイクのネタは転がっているんです。そして、あなたが見つけてくれるのを待っています。

▼ネタを見つけたら忘れる前にメモること!!

アイスブレイクのネタ作り術はたくさんあるわけですが、そうやってネタが見つかったらすぐにすべきことがあります。そう、忘れないうちにすぐ記録しておくことです。

人間は忘れやすい生き物ですから、どんなに記憶力がある人でも、しっかり何かに記録しておかないとすぐに忘れてしまいます。

常に笑いのネタを探して日々を過ごしていると、脳の構造がそうなってしまうというか、時々、パッとネタが降りてきます。

〝あ、来た！〟って感じのときがあります。笑いのネタが降りてくるようなものです。そんなときは風呂で湯舟に浸かっていてもパッと飛び出して、脱衣所に置いてあるスマートフォンを手にして忘れないうちにメモアプリにしっかり入力しておきます。

そう、知っている人は知っている「アルキメデスの原理」のようなものです。

アルキメデスの原理っていうのは、皇帝から王冠が純金製かどうか確かめるよう命じられた古代ギリシャの数学者・発明家のアルキメデスが、お風呂に入っているとき、その方法に気づいて思いきりお風呂を飛び出し、「エウレカ（わかった）！」と叫んだエピソードです。すぐに記録しないとパッと消えてしまいます。そう、「ゆうれい（幽霊）か？」

風呂以外でも、ジムでランニングしていようが、ラーメン屋でラーメンを食べていようが、寝ているときでもパッとひらめいたときはもう、すぐにスマホを手に取って必ずメモを書き残しておきます。そうしないと忘れちゃいますからね。

もちろん、スマホのメモアプリもいいですけれど、ネタ帳を常時携帯するのもいいでしょう。思いついたときに紙にメモるのが〝Do《ド》〟昭和ですね。


私の場合、当然、仕事でも休みの日でも自然とレーダーが張られています。

先ほどお話ししたとおり、町を散歩していると、〝あ、これ面白いな〟と思う場面がたくさんあります。変わった名前の店や電信柱の看板、あるいは、プッと噴き出してしまうような標語が書かれていたりします。

私のニックネームは信正にちなんで「ノブ」なのですが、仕事で訪ねた街で「ノブ」とか、「ｎｏｂ」という看板が掛かった喫茶店やスナックを見つけたときはもう嬉しくて仕方がありません。ついついスマホで自撮り写真を撮ってしまいます。

今でも地方に出張したときなど、先ほどの年金通りのように変わった名前の店や通りを見つけると、スマホで写真を撮って土産話にしています。出張に行ったらお土産というのは定番ですけれど、そんな話をして写真を見せるとみんな笑ってくれます。

そうそう、こんなこともありました――。

企業の業績が上がり続ける中で、一転して落ち込むこともありますが、とにかく明るく社員を元気づけることが大事ですよね。なので、過去に業績が若干の下り坂になったとき、山登りをしてわざわざ探した、下りの坂から上がっていく標識の写真を撮って、「必ず良くなるよ」というメッセージをビデオ配信しました。

心の持ちようだったことは確かですが、その後すぐに業績が好転しました。

やはりリーダーが明るく〝見せる化〟をするということは、どんな環境下でも大事なことだと思います。


ところで、ユーモアは、実は温かい配慮でもありますね。

2023年のプロ野球は、阪神タイガースとオリックスバファローズで関西同士の日本シリーズでした。阪神の岡田彰布監督なんて、吉本興業の芸人みたいなことを言うでしょ。

表立って優勝と言うと選手が緊張するから、優勝と言わず、「アレ」「アレ」と言っていたら、本当にリーグ制覇して、その勢いのまま38年振りに日本一になって、おまけに

「アレ」が流行語大賞まで取っちゃいましたからね。

いやもう、それこそ関西人の笑いのセンスと、チームをリラックスさせるためのリーダーの気配りですね。流石です。

▼閑話休題――ユーモアの取り入れ口

コロコロと笑っているのは単純に大好きなので、私は常にお笑い番組にはレーダーを張っています。

まず、老舗のお笑い番組「笑点」は結構見ています。

なぜかと言いますと、みなさんお気づきだと思いますけれども、「笑点」は実に上手くできているからです。

時代劇の定番「水戸黄門」に通じる安心感があります。長寿番組ですから流れが決まっていますし、何より、メインの大喜利コーナーに出てくる落語家さんたちが、とにかくそれぞれ衣装の色の如く個性があります。それぞれの方向性が違うんですけど、適材適所で全体を見たときにうまいバランスになっています。

それを代々の司会者がうまくさばく。春風亭昇太は6代目の司会者ですが、長きにわたり、歴代の司会者はそれぞれメンバーの個性をうまく引き出しています。

笑点の大喜利と言えば、醍醐味《だいごみ》が座布団のやり取りです。

私、流れを見ていますけれど、最近、座布団を出したり引いたりする際のパターンを変えてきているような気がしています。ファンならお気付きかもしれませんが、だいぶ変化を入れていると思いますね、きっと。

こんな話をすると、どんだけ〜マニアなんだよと自分でも驚きます（笑）。

他に必ず見るのは、年末恒例の「M－1グランプリ」です。

M－1は毎年、しっかり録画して何回も何回も徹底的に見直して笑い、いや、アイスブレイクの参考にしています。

今は笑いも進化していて、ほとんどのパターンが出尽くして一周回ったような感じも受けます。凝ったナイツみたいなネタもあるし、錦鯉みたいなストレートなネタもあって、バラエティに富んでいます。

同じようなお笑いのコンテストですと、私の最近の一押しは「キングオブコント」です。2023年の「キングオブコント」はサルゴリラの決勝戦のネタが最高でした。時間がありましたら、YouTubeでもサブスクでもぜひ見てください。ユーモアのセンスを磨くには必見のネタです。何回見ても笑えます、あれは。

それと、お笑いコンビで注目しているのはテンダラーです。東京のテレビにはあまり出てこないですけれど、上方漫才大賞の大賞も取っている実力派で、鉄板ネタの「暴れん坊将軍」は何回見ても腹を抱えて笑ってしまいます。

私はどちらかというと今や好感度ナンバー1のサンドウィッチマンをはじめとする漫才派ですけれど、最近はコントも大好きで、東京03、ジャルジャル、ジャングルポケット、売り出し中のジェラードン、シソンヌも面白いですし、キャラクターの濃さで攻めてくるコント師が好きですね。

▼自分ならではの十八番を作っておこう！

お笑い番組に関してもう少し触れますと、最近、笑いのネタのサイクルがすごく短くなっています。昔は芸人が十八番を何度も何度もやっていたでしょう。落語のネタと一緒で、どこに行っても同じネタをやって、それでも同じようにウケるという。
昭和の時代、林家三平（初代）さんの「どうもすいません」とか、三遊亭圓歌《えんか》（三代目）さんの「山のあな、あな、あな」とか、いざというときに出せば必ずウケました。彼らは十八番でずっと笑いを取っていましたし、お客は十八番見たさに寄席に来るわけです。私なんかはベテランの十八番はやっぱり見たくなるもので、いつでもいつまでもやっていてほしいと思ってしまいます。

ところが、今、同じネタで笑える期間は短くなっていて、お笑い芸人たちは工夫に工夫を重ねてネタを作っています。ヒット曲の世界も同様ですね。

特にM－1などのコンテストは視聴者もそうですけれど、何より審査員の期待の上をいかないといけないから大変です。昨日までウケていたネタをやるわけにはいかないので、新しいネタ作りに励んでいます。

叱咤激励《しったげきれい》、切磋琢磨《せっさたくま》、臥薪嘗胆《がしんしょうたん》等、四文字熟語がピッタリのお笑い界なのです。

一方で、昔はすごく面白かったけど、最近はそうでもなくなった芸人さんたちもいらっしゃいます。頭の回転も速いし、お笑いで成功して私も大好きで、本を書いたり、映画を撮ったり、絵を描いたりと、その度に大きな話題になりました。ところが、その一方で話が少し難しくなっちゃいました。もはや賢人や芸術家となられています。

笑いを取りに行かなくなったお笑い芸人は、やっぱり違うと思いますね。

まあ、言ってみれば、アイスブレイクを辞めちゃった人は、ただのアイスじゃないかという話です。

「アイスいませんでした（相済みませんでした）」（笑）。

これ、今、思いつきましたよ。私の場合、全部が後付け理論です。思いついたときは本当はそんなこと考えていなかったんだけど、話している間に、〝ふと、こんなこと言ったら面白いかな〟と思ったことが、次の瞬間、すぐに口から出てしまう。

困ったことに、黙っていられない性格なんですよね（氷の微笑……シャロン・ストーンと落ちる）。

お笑い番組で言えば、最近は女性の活躍に目を見張ります。

3時のヒロインや、ぼる塾、陸上自衛隊出身のやす子さんとか、大人気ですよね。

みなさん開花しちゃって、最近はだいたい食レポやってるじゃないですか。ぼる塾の田辺さんなんかスイーツ本出したり、やす子さんは商品開発までしていますから、すごいです。

「笑点」からぼる塾まで、この年齢にしてはフォローしているほうだと思います。

私からすれば、あえて笑いから入っていくことで成功している人が多い印象です。で、何が言いたいかといいますと、みんな才能あるし、頭の回転も速い、多才な人が多い、ダサイ人は少ない、ということです。お笑い芸人の頭の回転の速さは見習うべきだと思いますね。中でも、ねづっちは尊敬に値しますね。さらに言えば、皆さん、水面下での努力はすごいんでしょうね。

お笑い芸人の頭の回転の速さを見習えば、心も体も若いままでいられます。それが私の若さの秘訣かもしれないと思う今日この頃であります。

今の若者もスマホでお笑いの YouTube を見ている人が多いですから、いつまでも若くいられることでしょう。うらやましい（笑）。

▼日常の人間観察もアイスブレイクに役に立つ

さて、ここではアイスブレイクに役立つ人間観察の必要性について説明しましょう。

他者との円滑なコミュニケーションを行うために、常日頃から周囲を観察することも大切です。日常生活の中で、どんな人がどんなことをしているのかをじっくり見ていると、その観察眼が役に立ちます。

たとえば、朝、駅に向かう途中でも周囲の人を見ていると面白いことがありますし、電車の中でも何かと話題が転がっていることがあります。

駅の階段でカバンの中を何やら探している女性がいます。恐らく、定期券を忘れたか、大事な仕事の資料を家に忘れたのかもしれません。また、早朝の郊外の街で、みんなが改札に向かう中、疲れた顔で改札を出てくるスーツ姿の若者がいます。今日は有休を取っていて、昨晩オールで遊んでしまったのかもしれません。

それにしても、朝の改札に向かうビジネスパーソンはみんな疲れた顔をしています。

よく話題に上るのが、品川駅の港南口と高輪口を結ぶ長い通路の朝晩の光景です。大勢のビジネスパーソンが大挙して歩いていることから、本来のレインボーロードとは程遠い状況になっています。

そんな日本を顧みるに、私が日常生活の中でしばしば思うことは、日本人ももうちょっと明るくすればいいんじゃないかということです。

イタリアやフランスなどでは、街自体が綺麗ですけど、人間的にもみんな非常に明るいですから、すれ違うときに目が合うと挨拶してくれます。

アメリカ人やフランス人だと、初対面なのにエレベーター乗った瞬間から会話が始まっちゃうときがあります。何度かエレベーターに乗り合わせるうちに仲良くなって、気付いたら一緒に飲んでいたりすることもあります。それを考えれば、日本人はもっとオープンになっていいんじゃないかと思ったりもします。

話を戻しますと、周囲の人々を観察することで人々の苦労も見えてきて、感謝する機会も増えます。

みなさんよくデパートに行かれると思いますけれど、私がデパートで大変だと思ったのは、販売員のみなさんがずっと立っていることです。これは結構、大変ですよね。基本的に男性も女性もずっと立っています。自分でも、デパートでアルバイトをして働いた経験から、いざやるとなると、結構大変でした。

ですから、私はデパートに行くと、必ず店員さんたちに挨拶しています。そういう方々にはもう三顧の礼です。目が合うと、「こんにちは。大変ですね」と言っています。挨拶3回、3個の礼……なんて。

また、仕事で相手の会社を訪問したときには守衛さん、社員の方々の挨拶、受付の方々の丁寧な挨拶に感謝しています。

当たり前じゃないレベルで、当たり前のことができていることに感激します。あ、そうそう、企業の文化度は、掲示板の内容や照明の明るさ、わけてもトイレの清潔さでチェックできます。

▼販売の仕事にもアイスブレイクは活きる（販倍になる？）

最近のバラエティ番組を見ていると、ノリツッコミをよくやっています。アイスブレイクは冒頭ですけれど、締めの挨拶を一人ノリツッコミでやると印象を決定づけることができます。終わり良ければすべて良しです。

多少、アイスブレイクでスベっても、終わりで好印象を与えられれば相手の記憶に残りますから、多少、中身で負けたとしても最終的には勝負に勝ったようなものです。

そんなときこそ、関西のお笑いのような漫才のクロージングをこれでもかといった感じで重ねていってエグジットするのもいいでしょう。

「そろそろ時間が参りました～」

「えっ、もう終わっちゃうの？　でも、結構長くしゃべってるんですね～。なんでやねん」

「ええ加減にせ～。失礼いたしました」

——などと一人でノリツッコミをするわけですけれど、私もいずれ、こんなスタイルも取り入れてみようと思っています。

また、ＢＳ・ＣＳ放送で大人気の通販番組にも表現方法のヒントが詰まっています。

通販番組はアイスブレイクのネタだけでなく、プレゼンの勉強にもなります。とにかく出ているゲストのコメントがうまい！　アンミカさんとか、奈美悦子さんとか、麻木久仁子さんとか、みなさんお上手です。

ここで一転して、私の昔話を一つさせていただきます。実は私も昔やったことがあるんです、デパートの店頭販売員。

学生のときですけど、池袋の西武百貨店で、当時、コンパクトなスカートハンガーの1日の売り上げの記録を作ったこともあります（笑）。それと、キュウリとか大根を薄切りする万能スライサーもたくさん売りました。

その経験から言わせていただきますと、店頭販売にはコツがあります。

最初はとにかく1人の人とじっくり話すんです。スカートハンガーだったら、「小さくてコンパクトなんですけど、こうやって上から何着もかけられます」なんて言いながら、足を止めてくれた人に話す。で、やっぱり笑いというか、親しみを感じさせないといけません。そうしないと、お客さん逃げますから。

「すいません。お客さん、ちょっとごめんなさい。ちょっとだけいいですか。別に売ろうと思っているわけじゃないんですよ……」

そんなふうに言って話し始めます。

「外の天気どうですか？　僕、まだ外に一歩も出てないんですよ。今日、ここに早く来ちゃったんで。あれから雨降りました？」

そんな感じで話していると、自然と人が寄ってきます。

3、4人集まって人だかりができてくると、通りすがりの人が〝何やってんだ、このオヤジは？〟みたいな反応が返ってきます。当時はオヤジ顔した若者でしたけど（笑）。

そこでおもむろにスカートハンガーの実演を始めます。「これ、親戚から借りてきたスカートなんですけど」とか、「今日は妹のスラックス持ってきちゃいました」なんて話して笑いを取って、スカートハンガーに注目を集めます。

「これ、スカートやスラックスを縦にかけられるんです」

「とってもコンパクトにかけられますよ」

——などと言って、スカートが何枚も下がっているところを見せて、「どうですか？スカートの鯉のぼり！」などと笑いを挟みます。そうやって話していると、そろそろ「買います！」という人が必ず出てきます。

一番重要なのは、お客さんをできるだけ溜めておくことです。人が集まるような仕掛けを作って、ぼちぼち集まりだして〝そろそろ売れるかな〟と思えたら、満を持してパワーワードを解禁します。

「さあ今日はお買い得ですよ、みなさん！　５００円でどうですか？　定価ですが」

そう大声で言います。それでもうドーンと売れます。

ポイントは、人が集まってきたからといって、慌てて売ろうとしないこと。ゆっくりゆっくり盛り上げていって、人の輪が消えないようにしておきます。

それで溜めに溜めて着々と売る。早く売ってしまおうとしてはダメなんです。ある意味、行列のできているラーメン屋と同じ状況です。

それが店頭販売員の〝売れる極意〟なんでしょうけど、考えてみれば、今を去ること半世紀くらい前の話ですが、思い出したので書いてしまいました。

ちょっと長くなりましたけれど、そういう大昔があったから、あのときに氷をガシガシと囓れたのかもしれないですね。初アイスブレイクからなんと30年以上経った今、ようやく気づくことができました（笑）。

SMILE 6

アイスブレイクマイスターへの道

▼滑っても転ばないためのプランB

さて、アイスブレイクのヘビーユーザーからマイスターにランクアップするために、スベる覚悟の次に大事なことは、〝スベっても転ばないテクニック〟です。

そのために必要なのが、いわゆる〝プランB〟です。最初に考えていたアイスブレイクがプランAなら、それが失敗したときの次善の策がプランBです。

それと、プランB以降、プランC、プランD……はあればあるほどいいんです。それがあれば、仮にウケなかったとしてもリカバリーすることができます。

「あ～今、スベりましたね」

そう言って笑えば、これはもう、まさに〝言ったもん勝ち〟です。

お笑い芸人がネタのウケが悪いとき、「今日はお客さんのノリがよくないようで……」みたいなことを平気で言うじゃないですか。

そういう言い方をしてしまってはマズいので、プランBのネタに持っていってもいいでしょう。そして、少しでも笑った人がいたら、「あ、今、笑いましたね。僕、ちゃんと見てましたよ」と言って、ニッコリ微笑んで会場とコミュニケーションを図ります。「すみません、今、アイスブレイクやりましたけどスベりました。でも、私は転びませ〜ん」とか、「会場にいるサクラの方々、しっかりサポートお願いします」、あるいは、「アイスブレイク、スベってコオリゴオリ」などとかまします。

コケてスベったからといって、そこでシーンとしてしまわないようなリカバリーをかけます。そうやって、「あ、こいつ、おもろい奴だな」と思われれば大成功です！

とにかく、明るくて、楽しくて、ポジティブなネタのほうがいいですね。なぜなら、そのほうが、みんなハッピーになるからです。

古色蒼然として閉塞した世界に風穴を開けるには、やっぱりどうやって突破するかということになるでしょう。とにかく世の中の掟《おきて》とか、しがらみとか乗り越えていくわけです。そういう点で、私はある意味、アナーキーだと思っています。だから、底が抜けてるんですよ。「アナ空き」なんで（笑）。どうも、すみません。

そもそも、私の中にはそういう反骨精神みたいなのもあるんでしょう。

ユーモアのセンスというのは実は万国共通で、日本人もユーモア一点突破で、グイグイいけばいいんです。

たとえば昼間の会食で飲みたくても飲めないとき、乾杯すれば盛り上がるとき、「すいません。今日はノンアル（コール）で。じゃあ、『エア乾杯！』」

そんなふうに乾杯セレモニーにもっていっただけでウケます。

言い出すとキリがないんですけれど、自分の一歩を踏み出すためにはためらいなく挑戦するべきです。

上手くいかなかったら、上手くいかなかったで失敗も笑いに変えればEじゃないかドットコムということです。〝これでまたネタが1個できるかな〟というくらいの軽い感じで失敗すればいいのです。

実はこの考え方、今回の本だってそうなんです。

「こいつが言ってることなんてくだらない！」

「よくそれで本出そうとか思えるな！」

なんて言われても、「ああ、そう言われちゃったんだ〜みたいな感じで、それはそれで1冊の本になるな」とかね（笑）、開き直ればいいんです。

転んでもただでは起きないというのは、そういうこと。何なら、あえて自分から転ぶ、回転レシーブで〝ウケ〟を狙う（笑）。そんなふうに考えると楽しくて仕方がない、ワクワクしちゃいますよ。

▼自虐＝自ギャグ、自分をネタにする！

アイスブレイクのネタとしては、すでに何度もお話ししていますように、自分自身をネタにするのは大いに有効です。

他人を落として笑いを取るのは下品ですし、厳禁ですが、自分自身ならどれだけ落としても問題ありませんので、落とすだけ落としましょう。

ただし、あまりシリアスなネタは良くないです。病気のこととか、容貌のこととか。（海外のアクション大スターがほぼスキンヘッドなのに、日本はハゲでなんでそこまで

ウケるのかよくわからないのですが)
それと辛気臭いのはやはり、やめておきましょう。
人のことをとやかく言うと角が立つけれど、自分のことはとやかく言っていいわけです。自虐は自ギャグですから(笑)。

自分の存在をへりくだって話す分には全然問題ありませんから、自虐=自ギャグネタはどんどん言いましょう。プランAがヒットしなければ、そのままネタにすればいいんです。これってすごい発明、というか発想の転換だと思うんですけれど、要するに、スべっても転ばないというのはそういうことでもあります。

自ギャグは自ギャグでも、単なる語呂合わせとか、くだらないオヤジギャグからスタートして、そこからちょっとずつグレードアップして、質の高いアイスブレイクに到達すればよいのです。

とにかく場数を踏むというか、経験からわかることもあると思いますので、何より実践がモノを言います。そうやって実践を繰り返すうちに、自然な肌感覚になればこっちのものです。

ここで、さらに踏み込むと、ギャップ技があります。

聞き手を上げて自らを落とすと、落差2倍、聴衆は自ずと気分良くなります。

「本日はすばらしい皆様の前でつたないプレゼンでは申し訳ありませんので、このギャップは第六感言語、ジェスチャーで補ってまいります」

などと言ってカミシモ二段差活用にしてしまうわけです。

私の経験からですが、いったんアイスブレイク回路が開いたら、もうアイデアがほとばしるように出てくるものなのです。

そして、アイスブレイクのアイデアが次から次へと出てくるようになると、今度は周囲から期待されるようになります（もっとも、ウザがられても続けているからという理由もありますが……）。

ここまで来たら一人前、あなたもアイスブレイクマイスターの仲間入りです。

これは自慢でもないですけれど、社内の会議や研修などで私がマイクを持つと、もうみんな何かオモシロイことを言ってくれるに違いないと期待されています。

〝さあ、石合は今度はどんなアイスブレイクを言うのだろう?〟

そんな心地よいプレッシャーを感じます。そこで期待を裏切らず、私がフレッシュで面白いアイスブレイクを言えれば、みんな爆笑するわけです。

「毎回よくやるよ」と苦笑いしているだけかもしれませんが——。

しかし、前回聞いたようなネタやつまらないオヤジギャグでウケないなら、プランB、プランCを解き放ちます。最近は、むしろプランAをわざとハズして、実はプランBがメインという高度なヒネリ技を使うようになりました。

今ではもう自分の立ち位置もわかっていますし、ますます病みつきです。

▼「ジャッキー・チェン!」で口角を上げてパワースマイル!

さて、私の写真はビジネスでもプライベートでもほとんど笑顔です。

一方、日本企業のトップや著名な方々のポートレートはたいてい固い表情をされています。最近は柔和な顔をしている方が増えましたけれど、昭和の経営者のポートレートはほとんど真面目で怖い顔をされています。

欧米では企業トップの集会などで記念写真を撮ると全員笑顔ですし、会社のホームページでもにこやかに笑っています。必ずといっていいほど、あえて歯を見せて笑っています。彼らはみんな真っ白な歯をしていますが、歯の手入れも実に入念です。

両者を比較すると、どちらに明るいパワーを感じるかは一目瞭然。それほど笑顔が与えるパワーというのはすごいのです。

最近では、顔写真を小さく入れた名刺を使う会社も増えています。たいていは無愛想な証明写真ですが、そんなときに穏やかに笑った写真を使うと、他の人と差別化できますから、名刺交換した相手の印象も良くなることでしょう。

アイスブレイクは挨拶してから切り出すものですが、名刺交換はそれより前に行われる〝儀式〟のようなものです。その段階で相手に好印象を与えるのですから、最初のアイスブレイクと言っていいかもしれませんので非常に有効です。

え！　会社が顔写真入りの名刺を作ってない？

そんなときは会社の総務に働きかけて、営業成績アップのために「笑顔の写真入りの名刺に変えましょう！」と進言するのもいいでしょう。それで実際に営業成績が上がったら、あなたの社内評価もアップするはずです。

そもそも、なぜ歯並びが見える笑顔をしているかといいますと、にこやかな笑顔にはその場の雰囲気を明るい方向に変えるパワーがあるからです。

前にも言いましたように、元来の私の顔は東映任侠映画の出演者、今ならVシネマの大ヒットシリーズ「日本統一」に出てくる親分のような風貌です。

それでも笑って歯を見せていれば、松竹の寅さん路線かもしれませんし、お笑い系で言えば、U字工事やミルクボーイの「で、あるほう」系のようなものですから、周囲も話しかけやすいことでしょう。

みなさん、ぜひ試してみていただきたいのは、口角を上げて笑うことです。

実は、口角を上げて笑うのは意外と難しいんです。

先ほどお話ししましたように、私の場合は訓練の賜物で、「ジャッキー・チェンの笑顔を勉強しなさい！」と当時のメンターから言われて、毎朝、鏡に向かって、笑顔の練習をしました。

「日本人は特にスマイル！」

「ジャッキー・チェンの笑顔だ！」

GEのトップクラスの人たちにそう言われました。

これで、私の人生が変わってきました。

「ジャッキー・チェン！」でにっこり笑った瞬間、すごいパワーが生まれるのが自分でもわかります。米国はじめいろいろな国で仕事をしてきましたけれど、ジャッキー・チェンの笑顔を見せると、親しみやすいやつだと思われて、決まって「あいつは明るいやつだ！」と言われます。

それが評価につながりますから、笑顔に力があるのは事実なのです。

人類は赤ちゃんの時には、誰が教えるともなく全員がニッコリ笑っています。どんな相手でも、笑顔の人に対しては、犬がお腹出して転がっているようなもので、警戒心を解かせる意味があります。

それに、ある程度の部下を率いるリーダーになると、どんなにツラくても明るい顔をしていないといけません。なぜなら、周囲の人間の士気に影響するからです。

怖い顔して面白いことを話しても、だれも笑ってくれないでしょう。昔、竹中直人さんの芸に〝笑いながら怒る人〟っていうのがあってめちゃくちゃ面白いんですけれど、その逆で怒った顔で面白いことを言っても、最高どころかサイコですよね。

さて、みなさん、写真を撮るときは「チーズ！」って言うと思います。でも、「チーズ！」ではそんなに大きく口は開きません。今度、写真を撮るときは、ぜひ「ジャッキー・チェン！」と言ってください。「ジャッキー・チェン！」の「チェン！」の掛け声で、ちょうど口角が上がります。

朝起きたとき、仕事の前、プレゼンの前、夜寝る前、「ジャッキー・チェン！」「ジャッキー・チェン！」「ジャッキー・チェン！」と、それぞれ彼の素敵な笑顔をイメージして3回、スマイルで口角を上げましょう。すると、口角のあたりがだんだん柔らかくなってきます。

最初は固いから結構難しいです。正直、今も朝一は固い（笑）。ですから、朝起きたら歯を磨く前に鏡を見ながらジャッキー・チェンの笑顔です。それと、やっぱり夕方5時くらいになると固くなってきますからジャッキー・チェンの笑顔です。

きっと、ジャッキー・チェンの笑顔は血流も良くしてくれるんでしょう。健康にも絶対に良いはずです。

一つ大事なことは、ジャッキー・チェンの笑顔と、その後のパフォーマンスの〝掛け算〟です。

ジャッキー・チェンのスゴさは、持ち前の明るさと、何度も大けがをするほど命懸けの目を見張るカンフーのパフォーマンスやスタントです。彼は常人をはるかに超越している神技的なアクションのパフォーマンスに、コミカルな明るさが相まって世界的人気を博しているのです。

その一方で、パフォーマンスは最高だけれどめったに笑わないブルース・リーの場合、賞賛はされていますけれど、親しみやすいかというと違いますよね。畏れ多いというか、近づきがたくて怖そうというイメージだと思います。

ま、このあたりは好き好きですけれどね。

最初にジャッキー・チェンの笑顔で笑いを取ることができると、その後のプレゼンが光ります。

ジャッキー・チェン以外で欧米人のスターなら、スキンヘッドのジェイソン・ステイサムがいいですね。あの人もニヒルで格好良くて、アクションもキレ味がありますけれど、たまにニコッと笑うと可愛いんです。一見して普段の顔が怖い人ほど、笑った顔のギャップが可愛く見えるんです。

今流行りの、いわゆる〝ギャップ萌え〟というヤツです。

私もギャップ萌えと言われたいですけれども、そんなにオリジナルの顔を露出する時間がないほど、常に笑顔だけ見せているので、逆にシリアスな場面でのマジ顔への瞬間切り替えではマシマシの効果があるようです。

余談ですが、最近、気づいたのは「ウイスキーッ！」と言っても、口角が上がることです。そこで1曲、口角を上げて集合写真を撮る仕組みを作ってみました。

ぜひ、ご唱和ください！

「ウイスキーが、お好きでしょ」

ウイスキーが　お好きでしょ！（ウイスキーッ！）

もう少し　しゃべりましょ！（ウイスキーッ！）

ありふれた　話でしょ！（ウイスキーッ！）
それでいいの　今は！（ウイスキーッ！）

カッコ内は合いの手ですので、「ウイスキーッ！」の「ッ！」で口角を上げてください。だんだん節を経ていくうちに、どんどん口角が上がっていきますよ（笑）。

4枚シャッター切れば、1枚は全員満面の笑顔の集合写真ができます。〝ウイスキー！〟の素晴らしい笑顔に酔ってください。

▼笑顔とジェスチャー、そして大きな声で！

笑顔とともに重要なのが、ジェスチャーです。これも世界共通です。

私の場合、英語でのプレゼンとなると、がぜん手足が動きます。全身の動きがジャッキー・チェンを通り越してマイケル・ジャクソンになってしまいます。

今はもう無理ですけど、昔、ディスコダンス（もはや死語）が流行ったとき（ザ・昭和）、クルクルクルクルって2回転くらいできました。それをプレゼン上でやったことがありましたけれど、めちゃくちゃウケました。日本人はどうも、大勢の前でパフォーマンスする勇気がない人が多いようですけれど、覚悟を決めて、パッとやってみればいいんです。

まあ、ディスコダンスまでいくと、もはやジェスチャーの領域を飛び越えていますけれど、ジェスチャーはすごく大事なんです。だって、日本人同士で話していても、飲んでいても、やっぱり楽しいときには自然と身振り手振りが入ってくるでしょう。そうすると、その場が和んで盛り上がります。

で、ジェスチャーで一番のポイントは、手の動きです。

なぜ、特に手の動きが大きなウエイトを占めるかというと、それには理由があります。これ、受け売りですが、人類の歴史をたどると、石器時代の人類は洞窟の中で生活していました。洞窟に入るとき、人はまず、〝何も武器を持っていないよ〟と手を見せるんです。相手に対して敵意がないことを示すわけです。ですから、まず初めに相手の目よりも手を見るんです。

握手のルーツもそこにあるようです。武器は持ってませんよ、敵意はありませんよ、フレンドリーですよということを示すわけです。

ですから人間の視線は、まずは手にいくことが多いんです。ところが、プレゼンなどでマイクが置かれた演台の後ろに立つと、見える部分が限られてしまいます。

そんなときにこそ手を使うジェスチャーは重要で、逆に人と会うときにポケットに手を入れていると、傲慢なやつとか生意気なやつだと思われます。

壇上に立って、片手でマイクを持って、片手をポケットに入れて講演する人もいますけれど、そういうお方は、日本の方々には場慣れ感を与えるよりも偉そうに見せてしまいますからマイナスに受け取られます。

人と話すときは、できるだけ手をポケットに入れないようにしましょう。

最初はさりげなく手を下ろしていて、徐々に動かします。気分が乗ってくると体操みたいになって大変です。ただし、あまり激しく動かし過ぎると鬱陶しくなって話が聴衆の頭に入らない可能性も出てきますから、やはりほどほどのジェスチャーがいいですね。

先日、テレビで歌手のＪＵＪＵさんのコンサートを見ていたら、ＪＵＪＵさんがまるで手旗信号みたいに大きなジェスチャーをしていました。

会場が大きいですから、一番後ろまでちゃんと見てますよということを伝えようとしているんですね。それを見た後ろのほうの席の聴衆も一緒になって盛り上がって、全体の一体感が生まれるんです。流石です！

アイスブレイクからのプレゼンも一緒です。

ジェスチャーを入れれば、アイスブレイクの効果は倍増すると言っていいでしょう。日常会話もそうでしょうね。ジャッキー・チェンの笑顔と、真剣に聞いていることを示す相槌《あいづち》、そして、伝えたいジェスチャーが好印象を与えますよね。

よく、ほとんどの日本人は、私も含めて異国語を話すのが苦手だと言われていますけれど、実はそう思い込んでいるだけで、片言の英語や中国語でもジェスチャーを使えば話が通じるんです。

日本人は本来、フレンドリー感を持っているんですから、外国人に対しても話せないと思い込んで尻込みしてしまうのではなく、ジェスチャーを交えてどんどんコミュニケーションを取ればいいんです。

今や日本はインバウンドなくして経済が立ち行かない国なんです。円安が続いて、どんどん世界中から外国人観光客がやってきています。そんなときに必要なのは、やっぱりおもてなしスマイルとジェスチャーです。

▼大きな声で強弱をつけてゆっくり話そう

最後にもう一つ付け加えますと、声の出し方や大きさもポイントです。

もちろん、最初から最後まで大声で話しましょうというわけではなく、大事な点は強弱をつけようということです。一本調子より抑揚をつけたほうが聴衆は聞きやすいです。

また、話す速さも重要ですし、ポイントとなるキーワードは繰り返して言うのも効果的です。そのあたりも通販番組がめちゃくちゃ参考になります。通販番組では、電話番号は必ず2回言うようになっていますよね。

たとえば、会社が過去4年間において働き甲斐のある会社としてのトータルの点数アップが「なんと、16％！」と言って、「え！　16％⁉」なんて自分でも驚くふりをして繰り返したりします。

自分で言って自分で驚くというノリツッコミ、まさにテレビショッピング技です。

続いて、英語の場合についてお話ししましょう。

ゆっくり話すと、自然と声が大きくなります。ですから、声を大きくするとゆっくり話すことができます。

ともすると、何でもかんでも話そうとして早口になる人がいます。そうすると、ただ早口で単語を並べるだけになってしまいます。それでは伝えたいことも伝わりません。大事なキーワードだけ、はっきり言えばいいんです。それだけが印象に残ってくれれば十分なのです。

たとえば、歴代のアメリカ大統領の演説を聞いていると、とてもゆっくりていねいに話していることに気づくと思います。あれは英語がネイティブでない、いろいろな背景を持った人たちのために発信しているから、わかりやすくするためのスピードなんです。プレゼンでも、スピーチでも、日常会話でも、相手の理解を第一に思う点では変わりません。ですから、はっきりした声でゆっくりていねいに話しましょう。

実は日本人で英語を話せる人が陥りがちな罠《わな》なんですけれど、私なんか、昔は英語ネイティブの人間みたいに速くしゃべれば上手く聞こえるだろうと思って、やたらと速く話しました。いわゆるマシンガントークというヤツです。

しかし、これは失敗でした。アクセントが悪いから、結果として速ければ速いほど意味不明が何乗にもなって、倍速でわからなくなります。

もちろん、それは母国語の日本語でも同じです。

アイスブレイクでしっかり笑ってもらい、プレゼンに入っていこうと考えたら、ゆっくり強弱をつけて話したほうがいいでしょう。これは海外と日本で散々、冷や汗をかきまくってきた経験から、そう思います。

——以上、プレゼンなどさまざまな場面でのコミュニケーション上の重要なポイントをお話ししてきました。お役に立てれば幸いです。

【Coffee Break】
3杯目＝カフェラテ〈英語でもアイスブレイクをしてみましょう！〉

私の最初のアイスブレイクは英語でしたけれど、英語と日本語では全くニュアンスが違ってきますから、外国人相手のアイスブレイクはなかなか難しいです。

日本語のギャグはそのまま英語に翻訳できませんから、ニュアンスを変えて表現しなければいけません。たとえば、こんな感じです。

ビジネスでもプライベートでも、面接にしても合コンにしても、だれだって初めての場所ではあがってしまうでしょう。でも、「(感情が）あがってしまいます」っていうのをそのまま英語に訳しても「ナーバス」になってしまい、それではウケません。

先日、それを試す機会がありました。あえて直感でシレッと変えたんです。

「すみません。ちょっと緊張しちゃって、血圧も上がってしまいました」

そう英語で言ったらウケたんです。そして最後にこう言いました。

「みなさん、どうもご清聴ありがとうございました。どうやら私の血圧も下がってきたようでございます、反対に、株価は上がるといいですね」

その後、本当に株価も上がったようです（この効果かどうかはわかりませんが）。

このように、日本語のアイスブレイクを英語で表現するのも難しいですけれど、それ以上に難しいのは米国人の笑いを理解することです。

昔、ロサンゼルスでやっているスタンダップショーにも行ったことがありますけれど、ほとんど笑えませんでした。もちろん、英語の意味は何気にわかりますけれど、それがおかしいのかどうか理解できる術がない。なぜわからないかというと、彼らの民族的なバックグラウンドやカルチャー、スラングをよく知らないからなのです。

一方で、本書の冒頭にも書きましたけれど、とにかく明るい安村さんらの体を張ったネタは万国共通です。裸同然で出てきて、「安心してください、はいてますよ（Don't worry! I'm wearing pants）」でバカ受けです。

あれはまさに〝やったもん勝ちスピリット〟の成せる技ですから、みなさんもあの度胸を見習ってみてはいかがしょう。とにかく明るい安村さんの勝因は、〝とにかく明るい〟パワーと、初期の成功体験からの自信の積み上げもあるんでしょうね。今やオーラさえ感じます。

SMILE 7

石合流アイスブレイク集

さて、この章では数十年に及ぶ歴史を持つ「石合メモ」の中から、とっておきのアイスブレイクネタを披露しましょう。

ネタは本当にネタ子を起こすほどあるのですが、アイスブレイクにも旬がありますから、盛りを過ぎて笑えないものもあることをご留意いただけますようお願いいたします。

ここではシチュエーションごとに、すぐに使えるアイスブレイクネタを紹介しておきます。本来でしたら門外不出、一子相伝、取材拒否の奥義ですので袋綴じにして、本を買っていただいた方だけにお教えしたいところですが、今回に限っていくつか代表作を開封、いや公開したいと思います。

1. 苦手なもの――筆頭　苦手を逆手に　逆上がり！

私はゴルフが苦手なんです。未だに100切ったことないレベルですから（笑）。でも下手だからといって、相手をイライラさせキレられたことはありません。

というのも、ゴルフに関する開き直りのアイスブレイクには事欠きませんので。

実はゴルフを始めたのは55歳過ぎで、しかも、あろうことか仕事上で接待する側が多く、リラックスしてプレイした記憶が全くありません。

悩んで考え抜いた窮余の策として、ゴルフ場に前乗りして、初めての人も含めて一緒にプレイするメンバーと会食やお茶で仲良くなってしまいます。で、ラウンド当日は最初から「今日はもう無礼講でお願いします」みたいな感じで前広にお許しいただきます。

グリーンに乗ってからOKをもらうのも愛嬌《あいきょう》頼りです。

「(自分だけ多く叩くので)あ！　またOB、Old Boy!」

「とにかくあれでしょ、多く打ったほうがコスパいいですよね」

「このコース、グリーンに着くまで時差があります」

「グリーン乗ったら私が行くまでお茶飲んで待ってください。グリーンティー！」

「アイアン持って走ります。これが本当のアイアンマンレース」

「私は違う世界に行ってきまーす。これからとなりのコースを覗いてきます」

——なんてぶつぶつ言っていると、みんな笑ってくれて、私のかけたご迷惑とかスコアとかどうでもよくなってしまうわけです。結果は仲良くなれて大成功！

一方、たまさかナイスショットで激励されたときには、高校球児のように帽子を取って「ありがとうございます！」と大声で御礼します。

2. どんなTPOでも、小ネタでカチ割る

季節ネタ　春

「本日のアイスブレイクは、季節の花で美しくまとめました。見方が**バラバラ**だった見通しも**クローズ**しつ**つじ**、不安も**ケシ**とばすように、知らない間に、**しょうぶ**（勝負）の5月を迎えました。これ、**さつき**言いましたっけ？　少々**ボケ**ています」

「春めいて氷もとけだしてきましたので、私のアイスブレイクも、前ほどは必要なくなってきました……。

小川の流れのきらめきの中に私を見つけたら声をかけてくださいと、なにげなくメルヘンチックになる今日この頃です」

季節ネタ　夏

「今日は外気温が34度以上、熱中症に気をつけて。

一方、我々は会議に熱中しよう！

まずはカチ割り氷のアイスブレイクからでした。

急に、寒っ！」

「主におエライさんの多い会議にて……汗ばむ夏も近づいていますが、この荘厳な雰囲気にいささか緊張して冷や汗が出ています。

緊張の夏、ニッポンの夏」

「最近アイスブレイクのネタが少なくなってきました。

1日5回のコーヒーブレイクが、昨今の暑さの中、アイスコーヒーブレイクに代わって使い過ぎたようです」

「とんでもない猛暑で、もうショーが無い暑さの中、熱いプレゼンとなりましょう。

皆、クーラークーラーして冷や汗かきながら、Hot なアジェンダが続きますが、まずはホット一息、それでは始めます」

「聞くところによりますと、この毎日の酷暑は12万年ぶりなんだそうですが、誰がそんなの記録しているんだ！　と、たまにはボケからツッコミに代わるほどの暑さです」

季節ネタ　秋

「昨日いつものランニング中の公園に、ふと目を止めると、そこにはコスモス。
春には桜　秋にはコスモス
夏にはビール　冬には熱燗《あつかん》
日本の四季は素晴らしい
花とおじさん」

「最近は温暖化の影響のせいか、夏から秋を飛び越えて急に寒くなりますね。

さま（Summer）がわり、秋（飽き）が来ないのは良いけれど、いきなりの、おー寒（Autumn）。

この展開は、つゆ（冬）知らなかった。

寒っ！」

季節ネタ　冬

「過去に類のない寒波が来るそう。
寒波に備えて熱燗でカンパいのためのカンパください。
このレベルじゃ完敗」

歴史ネタ

「織田信長　鳴かぬなら殺してしまえ　ホトトギス
豊臣秀吉　鳴かぬなら鳴かせてみせよう　ホトトギス
徳川家康　鳴かぬなら鳴くまで待とう　ホトトギス
石合信正　鳴かぬなら　私のせいです　ホトトギス
ほーほ　謙虚」

挨拶用ネタ

「締めの一言
それでは日本の明るい明日のために、

関東ニッポン締めで、
一本締めを二回です。
それではお手を拝借」

会議用ネタ

「マキが入っていることは十分に承知しておりますが、冒頭、ルーティンの滑舌の練習だけは何卒お許しください。
『赤マキがみ　青マキがみ　黄マキがみ』
マキが入りましたので、噛まないうちに、本日は一回のみ」

以上！

【Coffee Break】
4杯目＝エスプレッソ〈古希抗齢者も若造だった話⁉〉

先日、某高専で行われた講演会に行ってきました。

そこで講演があったんですけれど、学生さん相手なので若者にウケるようなアイスブレイクをし、やっぱりウケました。ウケると相手も安心するんです。

ただ昨今の若い人相手の講演会で、今回一つ学びになったのは、講演の間ずっと、みんなスマートフォンを触っているわけです。しかも、すさまじいスピードで指が動いています。〝講師の話を聞かないでスマホゲームかよ〟と思って一瞬キレそうになったんです。

あとで校長先生に言ったら、違うんだそうです。今の学生さんたちは、スマホで全部メモを取るそうです（アッ！）。

「あれは全部、石合さんの一言一句逃さないようにメモを取ろうとして頑張ってた姿なんですよ。私たちの授業もそうなんです」（エッ！）。

危ないところでした（ホッ）。〝もっと早く言ってよ！〟って、心の中でつぶやきましたね。

というか自分の時代遅れに恥じ入った次第です。今や講義をスマホでメモを取る時代なんですね。若い人のスマホの文字入力は、めちゃくちゃ速いですからね。フリック入力っていうんですか。

会場には、次世代、次々世代、ジジイ世代（失礼）もいたわけです。若い人はもちろん、会社員もいましたし、ＯＢの方々もいらっしゃいました。私の、２０２４年期間限定のアイスブレイクネタは古希ですから、使い倒さないといけないと思って、開口一番、「それでは、古希（国旗）掲揚！」って言ってみたら、どっとウケてましたよ。

一方「石合さん、私、喜寿（77歳）ですよ！」って颯爽とした方から言われて、気じゅかなかった。〝まだまだ若いぞ、この小僧！　10年早い！〟なんて言われている気になって、めちゃくちゃパワーをいただきました。

ジジイ世代の元名誉教授さんたちがテキパキとノートにメモを取っている、一方で若者はスマホでメモを打っている。世代の違いが溶け合った興味深い光景ですけど、アイスブレイクやって「ここは笑うところです」などと言うと、世代に関係なくドーッと会場が沸くんです。

やっぱり、アイスブレイクは世代を超越することができると再確認できました。

SMILE 8

アイスブレイク実践編

▼アイスブレイクを実践した同志たちの体験談

さてここで、アイスブレイク・ヘビーユーザーである私と志を同じくする「日本カチ割り氷党」改め「アイスブレイカーズ・イン・ジャパン」の方々から届いた、各人各様のアイスブレイク体験を紹介しましょう。

ジャッキー・チェンだって最初から最高の笑顔とパフォーマンスだったわけではありません。若い頃に師匠から酔拳や蛇拳、木人拳など、さまざまなカンフーの特訓を受けて、ようやく一人前になったんです。あ、それは映画の中でした（笑）。

それを思えば、カンフーのように体を張った激しい特訓ではないアイスブレイク特訓など容易《たやす》いものでしょう。その分、いくらでも特訓できますから、機会あらばアイスブレイクを特訓してみてください——。

◆音楽プロデューサー緊張MAXも一変

品川にあったジャズライブクラブ（キャパが100席くらいの店）をプロデュースしていたときのことです。店と航空会社とのタイアップで「優勝者にはニューヨーク往復フライトチケットをプレゼント」というボーカルコンテストを企画し、予選を通過した3名のボーカリストの決勝が行われました。審査員はその日の来店客とプロデューサーの私、それにゲスト審査員という構成。客席は満席で盛り上がっていました。

2名の出演者は緊張感を漂わせながらも1曲ずつ歌い終わり、最後の1名のときでした。歌姫の緊張度が凄まじくて私のほうにもビンビンと伝わってきました。それどころか、満員のお客さんたちにもただならぬ緊張感が漂い始め、店内全体が異様な緊張感に覆われてしまったのです。このままだと実力を発揮できないどころかまともに歌えないかもしれないと思い、私は思わず客席にマイクでこう語りかけました。

「ご来場の皆様！　皆様の忍耐と我慢が報われるときがいよいよやってきました。あと一人で終わりますから！　もう少しの辛抱です！」

一瞬の静寂のあと、爆笑の渦！　一気に店内の空気が柔らかくなり、歌姫からもピリピリオーラが消えて笑顔が。そのあと彼女は素晴らしいパフォーマンスを披露し、見事優勝を勝ち取りました。

これは自分自身のためにしたのではなく変化球的なアイスブレイクではありましたが、効果抜群だったので鮮明に記憶に残っています。

◆営業担当
「緊張」を言葉にして吐きだす

先日、異業種交流会でプレゼンをする機会がありました。持ち時間はほんの十分とはいえ、２００名を超える参加者を想像すると、ふだん人前で話す機会の少ない私は憂鬱な気持ちになるくらい緊張していました。

そんなときに石合さんにお会いして、この緊張をどうしたらよいか相談しました。

「緊張している自分の気持ちを正直に言ってしまえばいい。緊張は聞いている人にも伝わってしまうから、最初に言うことでお互いに緊張の糸が解けて話しやすく、聞きやすくなるはず」

とアドバイスいただきました。

緊張していることを、言葉にして吐きだすことで、意外にもリラックスできるというのです。

案の定、当日は緊張でお昼も食べられないほどでしたが、石合さんにいただいたアドバイスをお守りのように心にしまって会場に向かいました。

イメージトレーニングしすぎたせいか、受付時「今日はプレゼンよろしくお願いします」と声をかけていただいた際に「すごく緊張しているんです……」と、やや先走って口に出してしまいました。すると、「大丈夫、私がしっかり聞いていますし、みんなジャガイモだと思って気楽に話したらいいですよ。応援しています」と言っていただき、少し緊張が解れました。

そして、いざ本番。自己紹介に添えて「ふだん、このような場でお話しさせていただく機会が少ないため、とっても緊張しております。緊張すると方言が出てイントネーシヨンもズレやすく聞きにくいかもしれませんが、よろしくお願いします」と、少し自虐も交えて思い切って言ってみたところ、会場の一部で笑いが起こり、顔を前に向けて聞いてくださる方も多く、空気が一瞬で変わった瞬間を体験しました。

緊張がなくなるわけではありませんが、話しやすい雰囲気になり、落ち着いてプレゼンを終えることができました。名刺交換の際には、「すごく聞きやすかったですよ」と声をかけてくださる方もいて、自信につなげることができました。

緊張は恥ずかしいことと思っていましたが、上手く活用できるものですね。緊張を貴重な経験に変えることができました。次が楽しみです。

◆デザイナー

婚活の場でも使えるアイスブレイク！

みなさんは「婚活パーティ」に行ったことはありますか？

そういったパーティは、数人のグループ、大人数など様々なパターンで行われるんです。その日、私が行ったのは、男性17人、女性17人のちょっと大きめの会でした。女性は固定席。そこに男性がぐるぐると10分ごと席を移っていきます。

この場合、うまくいけば石合流アイスブレイク17連発のチャンスです。

とはいえ、ダジャレを言うのが苦手な私は、とにかくジャッキー・チェンの笑顔で開口一番「こんにちは！」と明るく挨拶することだけに努めました。

私が挨拶をすると、男性たちは「怖くはない人だ」と思ってくださったのか、少し気を許してくれたようで、それぞれご自身の話をしてくださいました。私は自分の話をできるだけしたくないこともあり、そのような状況を作れたことは救いにもなりました。

さて、このような会には、結果発表の時間があります。自分のことを第一希望にしてくれた方が何人いて、それは何番の方なのか、係員が知らせてくれるのです。

結果、17人中12人が私を第一希望にしてくれました！　人生最高のモテ日です。

これからもアイスブレイクの鍛錬を積み、次回は渾身のギャグを一つはかませるようになりたいです。

え？　また婚活パーティに行くのかって？　そうです。その会では一応相手を選べる状態だったので、確かにその内の1人とマッチングしたのですが、「来週も会いませんか？」とその方に言われたとき、内心、来週は別の人に会いたいと思ってしまったんです。婚活は闇が深いんです。

◆出版業

名前がアイスブレイクになるなんてラッキー

私が社会人となって10年弱。仕事柄、B to C の初対面、1対1でお話しするケースが多いです。そんな私がいつも感じていたことは、私の緊張はさておき、お客様もやはり緊張しているということです。

まずは本題に入る前にお互いに和むことができる〝何か〟があれば、お互いリラックスしてお話しできるはずと考えていた頃、アイスブレイクを知りました。

では、私にできるアイスブレイクは何か？

ちょうどそのときに見たのが、とある芸人さんの YouTube チャンネルでした。漫才における〝つかみ〟をテーマにして、いくつか実例も交えながら効果的な〝つかみ〟を考えるという内容でした。そこにヒントがありました。

「今日は名前だけでも覚えて帰ってください」

これは芸人さんが地方での営業でよく使う〝つかみ〟のようなのですが、幸い私の名前は「中村太郎」という、非常に明解で覚えやすい名前です。

そうだ！　自分の名前を武器にすればいいんだ！

そう思いました。

それ以降、出会ったお客様に名刺を渡してご挨拶するときは、「名前だけ覚えてくださいね！　太郎、中村太郎です」と選挙演説じゃないですけれど、その方法で話を始めるようにしたところ、結果として多くの方が和んでくださり、どこか親しみを感じてくれているように思えました。

その後の話題にもスムーズに移っていくことができますし、お客様からも疑問点を積極的に投げかけてくださるようになりました。そして、名前も覚えていただけました。

石合さん流のアイスブレイクは、きっと多人数を相手にしたときでも使えると思います。しかも、シンプルかつ時を選ばないため、いつでもどこでも使えます。特徴的な名前の方は、特にこの方法を試してみていただきたいです。

ただし、一つだけ欠点があります。それは名前を覚えてもらったあとは使えないことです。なので、私もプランB、プランCのアイスブレイクを探していきたいです。

◆編集者

共通の話題があれば、アイスはブレイクできます

編集という仕事柄、会ったことのない方にも電話をすることが多く、その日は北海道に住むイラストレーターさんと電話打ち合わせがありました。

次に作る絵本について話し合います。事前に概要はメールで伝えていますが、詳しく電話で補足しなければなりません。共通の話題があるかわからない手探りの中、会話のやりとりで、本1冊としてどういった雰囲気にしたいか、どういった色味をイメージしているか、その他、スケジュールなどお話ししなければならないことはたくさんあります。

簡単な自己紹介のあと、さて、何から話せばいいのか少し困っていたとき、電話の向

こうで小さく「ニャア」という鳴き声がしました。これはチャンスと思って、とっさにこう言いました。

「あれ？　今、猫の鳴き声がしませんでした？　もしかして猫を飼っていますか？」

そう聞いたところ、イラストレーターさんは「そうなんです。今膝から下りたところです」とのこと。私の家にも猫がいるので、その後は猫の話で盛り上がり、絵本の中に出てくる猫の話から、全体の絵の話に入ることができました。

〝好きなもの〟という共通点があれば、それがアイスブレイクとなり、お話がしやすくなるという体験でした。

◆写真クラブ
記念日ネタを言ったら仲良くなれました！

65歳で自動車部品メーカーを退職して時間に余裕ができました。

健康のためにも散歩してみようかと思って、近所の公園をぶらぶらするようになりました。ちょうど梅の花が咲き始める頃で、とてもきれいに咲いていました。

スマホで写真を撮っていると、たまたまかもしれませんが、とてもきれいな写真が何枚か撮れたんです。〝もしかして才能があるのかもしれないぞ。カメラ買って本格的に撮ってみよう〟と思い、数日後、思い切って一眼レフを購入しました。

そうは言っても全然使いこなせず、見様見真似で撮っていたところ、近所の公民館の掲示板に、写真クラブの参加者を募集する貼り紙がありました。これに参加してみればカメラの使い方を教えてくれるかもしれないと思って参加することにしました。

しばらくして最初の撮影会の日が来ました。主宰者の先生と参加者は全部で20人ほどで、60代、70代で女性の方が若干多い感じでした。

最初は簡単な自己紹介になりましたが、それまで事務職一筋だった私は、人前で挨拶するのは大の苦手です。でも、以前、仕事で何度か石合さんにお会いしたことがあり、アイスブレイクの話を聞いたことがありました。

それで、こんなこともあろうかと、その朝、今日は何の日なのか調べておいたのです。すると、今日4月10日は「しろえびせんべいの日」だったんです。これは使えるぞと思いましたね。なぜなら、私は富山出身だからです。何でも、富山名物「しろえびせんべい」が初めて発売されたのが今日、4月10日だったそうです。

そこで、私は挨拶するとき、簡単な自己紹介のあとに「今日は何の日か知ってますか？　実は、しろえびせんべいの日なんですよ」と言いました。

みなさん最初はキョトンとしてましたが、「実は私、生まれは富山で、白エビは富山湾の宝石って言われていて、とってもおいしいんです！」と言ったところ、「富山は魚おいしいよね」「黒部峡谷行ったことあるわ」なんて声が次々と上がりました。

お陰で富山の人ねって覚えてくれたようで、その後の会話も進み、撮影会の最中にカメラの使い方に困っていると、みなさん、丁寧に教えてくれました。

◆主婦
珍しい苗字に初めて感謝しました

私はどうもママ友が苦手なんです。

昔から引っ込み思案で、人と話すのが苦手なものですから、あまり人付き合いもしません。でも、子供が幼稚園に入ると、マンションで同じ幼稚園に通っているママさんたち数人と挨拶をするようになり、一緒に食事しましょうなんて誘われるようになりました。

何度も断るわけにいかず、とうとう一緒に行くことになりました。

私が暗い顔をしているのに気づいた夫に「どうしたの？」と聞かれました。そこで私がママ友に誘われて沈んでるって話すと、夫がアイスブレイクを教えてくれたのです。なんでも、会社の会長さんがとてもユニークな方で、アイスブレイクの達人なんだそうです。私も外資系で働いていましたから、アイスブレイクのことは知っていました。そうか、その手があったかと思って、せっかくだから試してみることにしたんです。

昼下がりのファミレスに、ママ友5人が集合です。

私を誘ってくれたママ友が私のことを紹介してくれました。で、私は、「誘ってくれてありがとうございます。小鳥遊《たかなし》です。鷹に梨じゃなくて、小鳥が遊ぶたかなしです」と言ったところ、初めての方はポカンとしました。

でも、「小鳥が遊ぶって書いて『たかなし』って呼ぶんだ〜。可愛い名前ねえ」なんて言ってくれる方もいらっしゃって、お近づきになれて一安心しました。

夫と昔、出会ったときには変な名前って思いましたけれど、今では感謝しています。

◆商社
アイスブレイクで自己紹介も怖いものなし！

先日、新規プロジェクトのキックオフミーティングがありました。

中規模商社の経営はどこも厳しいですが、それはわが社の今後を左右するであろう国際的なプロジェクトで、社内のさまざまな課から期待を込めた15人の精鋭（？）が集められたのです。国内からは10人、海外支社の5人はリモートで参加しました。男女半々、中には見知った顔もありますが、3分の2は初めて話す社員でした。

キックオフミーティングには自己紹介がつきものです。こんなとき、以前の私ならいつも憂鬱になっていました。なぜなら、五十音順に話すことが多く、「あ」で始まる苗字の私は否が応でもトップ3に入りますし、一番手になることも多々あるからです。

でも、最近は苦でもなくなりました。仕事つながりで石合さんと出会い、アイスブレイクを知ったからです。この頃は、こうした集まりがあると、〝さて、何を言って笑かしてやろうか?〟とまで思うようになりました。そのための情報収集も欠かしません。

その日もリーダーが言いました。

「まずは自己紹介してもらおうか? そうだな、あいうえお順でいいか。じゃあ、最初は×××君からでいいな。×××君、よろしく」

案の定、今日もトップバッターです。そこで私はこんなふうに話しました。

「昨日、妻とタイ焼き食べたんですけれど、妻が言うんですよ、『タイ焼きは頭から食べると頭が良くなって、尻尾から食べると足が速くなるんだって』と。そんなわけあるかって思ったんですけど、僕言ったんですよ、『だったら背中から食べたら背が高くなるの? なら、これから毎日タイ焼きを背中から食べる』って」

そう、私の身長は160センチと少々小柄だからです。ここで笑う人もいたんですが、中には身長を笑っちゃいけないと下を向く人もいました。でも、それも狙いどおり。

「そしたら妻に言われましたよ。『バカなの、そんなことしたら背が伸びる前にウエストが伸びるよ』って」

そこで一同もう大爆笑です。場は和み、続いて自己紹介する人も笑顔になり、みんなの結束も高まって、ミーティング自体が和やかな雰囲気のまま終わりました。

きっとこのプロジェクトも大成功することでしょう！

◆剣道指導者
子供たちの顔の固まりを解く

子供の剣道指導をしています。

稽古の最初と最後に整列、礼があり、先生方のお話（指導）があります。

最後のお話は、その日の稽古の振り返りが多く、大先生たちの厳しい指導がばんばん飛びます。

「あんな稽古内容で試合に勝てるわけないよなっ」

「だらだら稽古するぐらいなら来るなっ」

などの厳しいお言葉が、時には名指しで行われ、涙を流す子供もいたり……。

しかしスポーツの世界では、厳しい指導は当たり前。むしろありがたいと思ってしっかり聞かなければなりません。私もそうやって稽古を積んできました。

私は指導者の末席なので、お話は最後にまわってきます。

強張った表情や泣きそうな表情の子供を見て、さすがに追い打ちをかけることはできません。

そして、私はどちらかと言うと、厳しく叱るよりも褒めて伸ばす指導者タイプ（子供たちに好かれるので「ずるい」と言われます）。

まず大きな声で、

「ハイッ！　今日は暑かった（寒かった）ですね！　でもみんな最後までよく頑張りました！」

と褒めます。感情が正直な子供たちは、それだけで顔が緩みます。そして、

「今日、お誕生日の人はいますか？」

と続けます。たいていは、いません。いればラッキーですが、いなくても大丈夫。

私が使っている手帳には、その日誕生日の有名人の名前が載っているのです。その中から何人かピックアップしておき、

「実は、今日は○○のお誕生日なんですって」

と披露します。○○は、誰もが知っている歴史上の人物や今時の人だと盛り上がります し（その日誕生日の人がいるとさらに盛り上がります）、昭和の大スターだと、先生方は盛り上がりますが、子供たちには「知らなーい」と言われてしまいます。知らなくても、顔はいつの間にか笑顔です。

そして、間髪をいれず、

「はいっ、お疲れ様でした！」

と、大先生から「関係ない話するなー！」と怒られる前に話を切り上げます。

私が代わりに怒られても、それはそれで子供たちの顔は柔らかくなるので、誕生日ネタは使い続けます。さっと短く切り上げるのがポイントです。

私の場合、ラストに来るので、アイスブレイク、ならぬ、ナイスブレイク、ですね。

◆広報担当

先陣を切ったところ、次々と協力者が！

社員向けの研修で、司会進行を担当することになりました。

研修の講師は経営トップの会長、受講者は会長とほとんど直接話をしたことのない社員たち。私自身は職種柄、経営トップと直接仕事をする機会も多く、研修での司会も業務の一部であったので比較的平常心で臨めますが、ほかの社員にとって経営トップ直々の研修は緊張でしかなかったようです。

さて、研修最初のプログラムは事前に宿題として課された「自己紹介」。司会としては、受講者の皆さんに「楽しく、そして、実りあるもの」としてもらいたいため、最初の仕切りは責任重大です。いきなり指名をして、指名された社員の緊張を増長させたらどうしよう。はたまた「一番にやってみようという方、手を挙げてください」と言って誰も手が上がらずに「シーーーーン」となっても、その後の挽回が大変だな……と、思いあぐねていました。

とそのとき、「自分の自己紹介を最初にしてしまおう！」と思いつき、私の好きなもの、花、旅、柴犬、仕事をキーワードに1枚のプレゼンを用意しました。

その後、迎えた研修初日。

「では初めに、皆さんに自己紹介をしていただきますが、まずは私自身から始めます！」と自ら自己紹介をしました。すると、受講者間の緊張感は緩み、「では私がやります！」と続々と手が上がり、以降のプログラムも積極的に参加してもらえました。

もちろん、プログラムの内容そのものも充実していたから、ということは言うまでもありませんが、初めの滑り出しに少しは貢献できたかな、と思えた瞬間でした。

また、これには後日談があります。

研修の数か月後に受講者の一人であった社員Aさんと仕事をする機会がありました。普段は別々のオフィスに勤務のため、あまり会う機会がありませんが、この日はAさんのいるオフィス、つまり、Aさんにとってはホームグラウンド、私にとってはアウェーでのお仕事でした。

直接お会いしたのは、研修後このときが初めてだったのですが、Aさんから「そういえば、Mさん、私も柴犬可愛いなと思っているんですけど、Mさんちのワンちゃんのお名前なんていうんでしたっけ？」と話しかけてくださいました。

私は思わず嬉しくなり、「○○っていうんですよ！」と携帯の待ち受けの愛犬の画像を得意げに見せたりして、その後の会話も弾み、アウェーでの仕事もスムーズに進めることができました。

研修のときは私からアイスブレイクしましたが、今回は「アイスブレイクのお返し」をいただいた気分になり、改めて効果を実感した出来事でした。

◆マンション管理組合

子供の一言で、大人たちが笑顔に

私は100世帯程度が入る都内のマンションに住んでいます。

先日、年に1度開催されるマンションの管理組合による定期総会がありました。

よく聞く話ですが、うちのマンションも住民同士の交流はほとんどなく、隣に住んでいる人もよくわからない。住人が一堂に顔を合わせる機会と言えば、年に1度の総会くらいです。

そんな総会ですので、毎回、〝面倒くさいなぁ〟と思いながらも仕方なく足を運んでいる方も少なくないと思っています。終始スマホをいじっている参加者も見られ、始まる前から早く終わってよ～と祈りの声が聞こえてきそうです。そう、総会における〝傍観者〟は戦々恐々とした時間を耐え忍ばなければいけないのです。

よって、いつも会場は和気あいあいという言葉とは程遠く、第三者的なしらけ感と変な緊張感とが入り乱れた冷たい雰囲気に包まれます。

実は、当期は私が管理組合の理事長を務めており、この地獄のような時間帯を仕切らなければなりません。理事会の役員は立候補制なのですが、毎回立候補者がいないので、持ち回りで順番がやってきます。憂鬱な1年もこの総会をもって次の役員に引き継がれるのですが、一番のヤマがこの最後の総会なのです。

さて、総会の冒頭は理事長である私が口火を切らなければいけません。このしらけた雰囲気を少しでも和らげねばと思い、総会前にいろいろと気の利いた挨拶を考えてはみたものの、特段アイディアが浮かばず当日を迎えました。〝まあいいや、今回も議事どおり淡々、粛々と進めよう〟と思った矢先のことです。

我々の会議室の後ろを住人と思われるお母さんが、お子さんを連れて通りかかりました。そのとき、お子さんが会場に向かって突然〝パパ──！〟と大声で叫ぶと、今度はお母さんに向かって〝パパもお勉強しているの？〟と皆にも聞こえる大きな声で質問をしました。議長席に向かって教室のように机を並べたレイアウトを見て、そう思ったのかもしれません。

お母さんは慌てて〝お勉強じゃなくて、お仕事をしているのよ〟と子供を諭すように一言。そのあと、お子さんの手を引っ張って小走りに行ってしまったので、その子が納得したかどうかはわかりませんが、会場は大爆笑。お父さんと思われる方は恥ずかしそうに照れ笑いをしていました。

そう、これをきっかけに、会場の雰囲気は一変し、なんとなく会場が温かい空気に入れ替わったように感じました。おかげで私は全く苦労することもなくスムーズに議題を進めることができました。

こんな、些細《ささい》なアクシデントが現場の空気を大きく変えることもあるんだなぁ。〝ナイス！　アイスブレイク！〟と、心の中でお子さんに向けて賛辞を贈りました。

子供に助けられたことへの感謝と共に、無事に理事長の任期を満了できたことに胸をなでおろした出来事でした。

SMILE 9

これはアウト！　アイスブレイクのタブー集

▼他人を貶めるようなアイスブレイクはやめよう！

さて、ここまで読んでいただけたあなたは、すでにアイスブレイク・ヘビーユーザーへの道を歩み始めたことでしょう。フィナーレまでもう少しお付き合いください。

無限の可能性を秘めたアイスブレイクですが、何でもネタにできるかというと、決してそうではありません。アイスブレイクが生み出す笑いは、人と人の関係性を大事にしていますから、言ってはいけないこと、やってはいけないことがあります。

以下は、主なアイスブレイクNGネタとなります。

①差別ネタ
②自画自賛ネタ
③過度に他人をいじるネタ
④下ネタ

⑤繰り返しネタ
⑥政治、宗教、人種の偏見
⑦お金に関するネタ
⑧話が長いネタ

——これらは、私がやらないほうがいいと考えているアイスブレイクネタです。一つひとつは説明しなくてもおわかりになるでしょう。

ただし、④のような下ネタの場合、基本的に昭和生まれの男性ばかりのときはかなり許されるかもしれません。でも、今はコンプライアンスに厳しい時代ですので、下品なことを言って、あえて火中の栗を拾う必要もありませんからね（笑）。

また、⑤のように、ウケないネタを何度も何度も繰り返すのもやめましょう。ウケなかったらウケるまでやればいいじゃないかと思われる方もいらっしゃるかもしれませんが、聞かされるほうからしたら地獄ですので、やめておいたほうがいいです。

アイスブレイクでは意地になったら負けです。スべったらとにかく潔く、あくまで明るくお茶目に負けを認めて、プランＢ、プランＣ……と二の矢、三の矢を放つようにします。

「今日は私の想定外！　なんて日だ！」

「残念！　この前まで9連勝だったんですけれど、これで1敗がついちゃいました。一杯やって帰ろうっと！」

「今日はスべらないように階段を注意して降りたのに！」

一本勝ちにこだわって場の空気を悪くするようでは、アイスブレイクの存在意義に関わります。それよりは、プランB、Cへとなだれこむほうがいいですよね。

それから、後期高齢者の同窓会での健康ネタも、あまりおすすめしません。

「この前行ってきましたけどね、同期会。同期はみんな動悸と息切れ」

「心臓がドウキドウキしちゃう」

……などと言っているうちはいいですが、「集まるたびに参加者が減ってますね～」とか、「これでもう会うのも最後かもしれないな、合掌」みたいな暗いアイスブレイクはやめましょう。自虐、冗談としても重くて笑えません。

先日、私が参加した同窓会では、7人くらいのチームが一緒に記念写真を撮っていたのですが、そのうちの1人が、「みんなの共通点なんだと思う?」と私に聞いてきたんです。首をひねっていたら、「みんな、がんのステージ4」と言ってました。いやあ、参りましたよ。何も言えない。流石の私も神妙な顔になりました。

古希になって、そういう年代を生きているのは確かなんですけれどね、もっと明るい話題で笑い合うほうが心にも体にもいいですよね（ホロリ）。

SMILE 10

アイスブレイクで日本を盛り上げましょう！

――「アイスブレイク大賞」設立宣言に代えて

以上が、石合流アイスブレイクのすすめであります。

私自身、今やアイスブレイクのヘビーユーザーとして日本中にアイスブレイクの輪を広げることが、古希抗齢者としての今後の人生の一つの目標になっています。開き直って、今、この本を書いていますから、もはや怖いものはネタ切れ以外何一つありません。

何十年も楽しいコミュニケーションを追求して、常にネタを考えていますと、アイスブレイクに関して言えば、以前より相当レベルは上向いている感じがします。私の脳は以前より少しは活性化してきているはずです。

先日も寿司屋のカウンターでダジャレを連発していたところ、大将が笑い過ぎてネタが握れなくなりました。こちらはネタがあるので、それでもやめない（笑）。その後、すっかり大将と仲良くなることができました。

あ、それから健康面に関しては〝笑い〟の効用に関する資料があります。参考文献として巻末に記載しておきます。

今回、本書の出版だけでなく、アイスブレイク大賞の創設も考えております。単なるアイスブレイクの面白さを競うのではなく、あくまでもアイスブレイクから入るコミュニケーションで日本全体を明るく、楽しくしようという大きな趣旨のもと、進めていきたいと考えておりますので、よろしくお願いいたします。

また、ともすると訴求力の点で海外勢に遅れを取るプレゼン力の向上、コミュニケーションのアップグレード、世界中の人々と仲良くなっていく一歩を踏み出すキッカケとしても必要かと思っています。

ここで勢い余って、〝年寄りの冷や水〟「シン・日本列島改善論」となります。

コロナ禍が過ぎたとはいえ、止まらない円安もあって日本経済が何となく閉塞しています。GDPはドイツに抜かれ、インドにも抜かれそうです。物価が上がっても給料はほぼ上がらず、「働けど働けどなおわが暮らし楽にならざりじっと手を見る」と詠んだのは石川啄木ですが、啄木が生きた明治から、大正、昭和、平成、令和の流れの中、今、日本は元気がなくなっている感があります。

バブル崩壊以降、〝失われた30年〟になりますが、暗い、暗いと嘆いているだけでは仕方ありません。何とか明るくなる道を探さないといけない。

それには、まずは自分たち古希抗齢者から率先して明るくならないといけませんし、何より若者にも明るい未来を見てほしいと願います。


いささか劇画チックになりますが、改めて日本の良さは何かと考えてみると、日本はアイランドです。

そのアイランドには美しい山々があって、湖や川があって、海に囲まれています。各地には〝お祭り〟や温泉まであって完璧な観光資源であり、しかも安全で清潔で、時差もなく、交通の便も良くて、空路も高速道路も鉄道網も整備されています。要するに、日本自体が歴史と近代が相容れた希少なリゾート愛ランドなのです。

食べ物は、米も野菜も果実も最高ですし、周囲が生簀《いけす》のようなもので、美味しい海の幸にも恵まれています。また、和牛などの畜産物の評価も高くてステーキです。地ビールや日本酒はもとより、ワインやウイスキーもいまや日本ブランド勢優位、他国に比べると物価は安い。円安で外国人からしたらますます安くなっています。

そして、一番大事なホスピタリティ、つまり、おもてなしの心も日本人には古来よりありますし、みんな誠実です。チーム力を駆使したスポーツや各種イベントも加わって、その上に明るいコミュニケーションの要素が入ってきたら、これは世界最高の癒しの場所じゃないですか。世界中の人たちが絶対に人生で一度は行ってみたい場所となるでしょう！

そうなると、豪華クルーズ船が次々と東京、横浜、大阪、神戸等にやってきて、飛行機の便も増えるでしょう。日本全体が観光地展示会場、国際会議場、癒しの一大空間と化して、これからの日本は明るくなっていく一方じゃないかと思えてきます。

一部でオーバーツーリズムとも言われていますが、観光客が増え過ぎて困っているのは、まだ東京、京都、大阪など限られた地域です。

ほかにも訪ねるべき場所やステイする施設があることをもっとアピールすれば、観光客も分散されて、みんなウィン・ウィンの関係になるのではないでしょうか。

ただ、現状では空き家が増加、大都市と地方はますます二極化しています。地域格差を是正するためにも、今、明るい笑顔とコミュニケーションのきっかけとなるアイスブレイクが必要とされていると私は考えています。

明るい笑顔とアイスブレイクで日本が元気になって、海外からやってきた人たちとの絆も生まれるでしょう。

日本の素晴らしさに気づいた外国人が、母国に帰って日本の良さを伝えていけば、ますます押し寄せてきます。そうやって日本らしさが世界に伝播していけば、遠からず、日本が文化で世界をリードする時代が再びやってくるかもしれません。

私は、日本と日本人にはそれだけのポテンシャルがあると思っています。

〝日本基点で世界中を明るくする時代〟に一歩踏み出し、踏み外し、たまさか踏み外してもアイスブレイクに始まり、ナイスブレイク、ブレずにブレイクいたしましょう！

次は、第一回アイスブレイク大賞の席でお会いしましょう！

２０２４年７月25日（かき氷の日）　石合　信正

「アイスブレイカーズ・イン・ジャパン」メンバー

石合信正／石川洋平／稲垣雅史／内田仁／大村勝／奥田真広／小沼正枝／川邊朋代／河野聡／五味健／三條公実子／塩澤一洋／白澤敦子／重崎隆／妹尾龍哉／妹尾美花子／塚田紗都美／中条誠司／中村太郎／萩原忠久／橋本裕樹／平野洋一郎／廣瀬眞之／細江可奈／松村敦子／丸山剛／室伏順子／守家火奈子／八高浩一／矢間あや

参考文献

「大阪発笑いのススメ　意外と知らない笑いの効用」（大阪府）

著者プロフィール

石合 信正（いしあい のぶまさ）

株式会社 T&K TOKA（ベインキャピタル投資先）
代表取締役社長兼 CEO
1953年、東京都生まれ。開成高等学校、慶應義塾大学卒業。1978年、住友重機械工業に入社。企画管理や東南アジア地域の貿易を担当。1986年、バイエルに入社。日本統括マーケティングとセールスのゼネラルマネジャーとなる。1993年、日本ゼネラル・エレクトリックに入社。2001年に設立されたGEポリマーランドジャパンの社長を務める。2002年、インベンシス アジア上席副社長に就任。2005年、アリスタ ライフサイエンス　日本・アジア・ライフサイエンス事業統括CEOに就任。2011年、キャボットジャパン代表取締役社長に就任。2016年、エスアイアイ・セミコンダクタ（現・エイブリック）代表取締役社長に就任。2018年、エイブリック代表取締役社長兼CEOに就任。2020年、エイブリックとミネベアミツミグループが経営統合し、2022年ミネベアミツミ専務執行役員を兼任。著書に『日本の技術力をもつ半導体メーカーに外資系スピード感を取り入れたら働きがいのある会社に生まれ変わった』（幻冬舎）、『展職のすすめ　人生のバリューを上げるキャリアアップ転職の秘訣』（幻冬舎）がある。

アイスブレイクのすすめ　氷はとかせ！　滑っても転ばぬ先の杖

2024年11月15日　初版第1刷発行

著　者　石合 信正
発行者　瓜谷 綱延
発行所　株式会社文芸社
〒160-0022　東京都新宿区新宿1－10－1
電話　03-5369-3060（代表）
03-5369-2299（販売）

印刷所　TOPPANクロレ株式会社

ISBN978-4-286-25319-0